국가수준

# 학업성취도
# 평가 ──
## 문제집

## 중3 영어

# 차례

## 개념 1 to부정사와 동명사

○ to부정사는 「to+❶        」의 형태로 명사, 형용사, 부사 역할을 한다.

| 명사적 용법 | ～하는 것, ～하기 | To read a book is fun. |
|---|---|---|
| 형용사적 용법 | ～할, ～하는 (명사·대명사 수식) | I have nothing to do. |
| 부사적 용법 | • 목적: ～하기 위해 | • She studied hard to pass the test. |
| | • 감정의 원인: ～해서 | • I'm happy to see you. |

○ 동명사는 「동사원형+❷        」의 형태로 명사 역할을 한다.

| 주어 역할 | ～하는 것은, ～하기는 | Studying is not easy. |
|---|---|---|
| 보어 역할 | ～하는 것(이다) | My hobby is riding a bike. |
| 목적어 역할 | ～하는 것을, ～하기를 | • We enjoy singing. (동사의 목적어) |
| | | • Thank you for listening. (전치사의 목적어) |

답 | ❶ 동사원형 ❷ -ing

**예문**

· He went to the park **to meet** his friend.
그는 친구를 만나기 위해 공원에 갔다.
· I like **playing** computer games.
나는 컴퓨터 게임하는 것을 좋아한다.

## 개념 2 to부정사의 의미상 주어

○ 가주어 it, 진주어 to부정사가 쓰인 「It ～ to부정사 …」 구문에서 일반적으로 to부정사의 의미상 주어는 to부정사 앞에 「❶        +목적격」으로 나타낸다.

○ 사람의 성품이나 태도를 나타내는 다음과 같은 형용사 뒤에는 to부정사의 의미상 주어를 「❷        +목적격」으로 나타낸다.
➡ kind/nice, smart/wise, rude, honest, brave, foolish …

답 | ❶ for ❷ of

**예문**

· It is easy **for me** to eat spicy food.
나는 매운 음식을 먹는 것이 쉽다.
· It is nice **of him** to help my sister.
내 여동생을 도와주다니 그는 친절하다.

## 개념 3 to부정사와 동명사를 목적어로 취하는 동사

○ to부정사와 동명사를 모두 목적어로 취하는 동사: like, love, prefer, hate, start, begin, continue, intend 등

○ to부정사 또는 동명사만을 목적어로 취하는 동사

| to부정사만 취하는 동사 | want, hope, wish, plan, promise, decide, learn 등 ⇒ 어떤 상태나 동작이 ❶        에 이루어질 것이라는 의미가 담긴 동사 |
|---|---|
| 동명사만 취하는 동사 | enjoy, finish, mind, give up, quit, practice 등 ⇒ 어떤 상태나 동작이 ❷        에 이미 시작되었다는 의미가 담긴 동사 |

답 | ❶ 미래 ❷ 과거

**예문**

· I decided **to exercise** every day.
나는 매일 운동하기로 결심했다.
· She finished **doing** her homework.
그녀는 숙제하는 것을 끝냈다.

## 개념 확인

### 확인 1-1

다음 밑줄 친 부분의 역할을 고르시오.

(1) I go to the park <u>to walk</u>.　　　(명사 / 부사)

(2) <u>To drink</u> water is important.　　(명사 / 부사)

(3) She enjoys <u>eating</u> snacks.　　　(주어 / 목적어)

> **풀이 |** (1) '걷기 위해'라는 의미로 해석되므로 ❶ ☐ 역할을 한다.
> (2) '물을 마시는 것'이라는 의미로 해석되므로 명사 역할을 한다.
> (3) eating snacks가 동사 enjoy의 ❷ ☐ 역할을 한다.

답 | (1) 부사　(2) 명사　(3) 목적어 / ❶ 부사　❷ 목적어

---

### 1-2　밑줄 친 부분의 역할을 〈보기〉에서 골라 기호를 쓰시오.

〈보기〉
| ⓐ 주어 | ⓑ 보어 | ⓒ 목적어 |

(1) My dream is <u>being</u> an actor.　＿＿＿＿

(2) <u>Swimming</u> is good for health.　＿＿＿＿

---

### 확인 2-1

다음 문장에서 의미상 주어로 알맞은 것은?

> It is so easy for him to swim.

① It　　　② for him　　　③ to swim

> **풀이 |** 「It ～ to부정사 …」 구문에서 to부정사의 의미상 주어는 to부정사 ❶ ☐ 에 「❷ ☐ +목적격」으로 나타낸다.

답 | ② / ❶ 앞　❷ for

---

### 2-2　다음 중 밑줄 친 부분이 어법상 어색한 것은?

① It is difficult <u>for me</u> to study English.

② It is nice <u>of you</u> to think so.

③ It is fun <u>of me</u> to play with my friend.

---

### 확인 3-1

다음 괄호 안에서 알맞은 것을 고르시오.

I promise (to keep / keeping) your secret.

> **풀이 |** promise는 ❶ ☐ 만을 목적어로 취하는 동사이기 때문에 ❷ ☐ 인 keeping은 목적어로 취할 수 없다.

답 | to keep / ❶ to부정사　❷ 동명사

---

### 3-2　다음 〈보기〉에서 to부정사와 동명사를 둘 다 목적어로 취하는 동사를 모두 골라 동그라미 하시오.

| want | enjoy | love | hate |

| give up | continue |

## 개념 4　의미가 달라지는 to부정사와 동명사

○ try, remember, forget, regret 등은 to부정사와 동명사를 둘 다 **①**　로 취하지만 의미가 달라진다.

– try+to부정사: ～을 하려고 노력하다, 애쓰다

　try+동명사: (시험 삼아) 한번 해보다

– remember/forget/regret+to부정사: (미래에) ～할 것을 기억하다/잊다/～하게 되어 유감이다

　remember/forget/regret+동명사: (**②**　에) ～한 것을 기억하다/잊다/후회하다

답 | ❶ 목적어　❷ 과거

**예문**

· Mary tried **to talk** to her.

　Mary는 그녀에게 말을 걸려고 노력했다.

· Mary tried **talking** to her.

　Mary는 그녀에게 한번 말을 걸어 보았다.

## 개념 5　to부정사를 이용한 구문

○ to부정사를 이용한 주요 구문

| **①**　+형용사/부사+to부정사 | 너무 ～해서 …할 수 없는 |
|---|---|
| 형용사/부사+**②**　+to부정사 | …할 만큼 충분히 ～한/하게 |
| seem+to부정사<br>(= It seems that+주어+동사) | ～해 보이다, ～인(하는) 것 같다 |

She **seems to** be very tired. 그녀는 아주 피곤해 보인다.

(= **It seems that** she is very tired.)

답 | ❶ too　❷ enough

**예문**

· Kelly was **too** busy **to take** a rest.

　Kelly는 너무 바빠서 휴식을 취할 수 없었다.

· The movie is interesting **enough to be** popular.

　그 영화는 인기 있을 만큼 충분히 재미있다.

## 개념 6　동명사의 관용 표현

○ 동명사를 쓰는 관용적인 표현

| go -ing | ～하러 가다 |
|---|---|
| feel like -ing | ～하고 싶다/싶은 기분이다 |
| on/upon -ing | ～하자마자 |
| worth -ing | ～할 가치가 있는 |
| be busy -ing | ～하느라 바쁘다 |
| be used **①**　-ing | ～하는 것에 익숙하다 |
| can't[cannot] help -ing | ～하지 않을 수 없다 |
| look forward to -ing | ～하기를 고대하다 |
| spend+시간/돈+(on) -ing | ～하는 데 시간/돈을 쓰다 |
| stop/prevent/keep+A+**②**　-ing | A가 ～하는 것을 막다/방해하다 |
| have difficulty/trouble (in) -ing | ～하는 데 어려움을 겪다 |

답 | ❶ to　❷ from

**예문**

· He **feels like traveling.**

　그는 여행 가고 싶은 기분이다.

· **On arriving** home, Harry drank water.

　집에 도착하자마자, Harry는 물을 마셨다.

· I **stopped** my dog **from going** outside.

　나는 나의 개가 밖으로 나가는 것을 막았다.

## 확인 4-1

다음 우리말을 영어로 옮길 때 빈칸에 알맞은 것은?

> 그녀는 작년에 삼촌을 만난 것을 잊었다.
> → She forgot _____ her uncle last year.

① meet　　　② to meet　　　③ meeting

**풀이 |** forget은 to부정사와 동명사를 모두 ❶[　　] 로 취할 수 있지만, 위와 같이 과거의 일을 잊은 상황에서는 ❷[　　] 를 쓰는 것이 알맞다.

답 | ③ / ❶ 목적어　❷ 동명사

**4-2** 다음 우리말과 일치하도록 괄호 안에서 알맞은 것을 고르시오.

(1) We try (to finish / finishing) the project.
　　우리는 프로젝트를 끝내려고 노력한다.
(2) Andy regretted (to run / running) away.
　　Andy는 도망친 것을 후회했다.

## 확인 5-1

다음 우리말에 맞게 주어진 표현을 바르게 배열하시오.

> 그 소년은 농구선수를 할 만큼 충분히 키가 크다.

> → The boy _____ .
> 　　(is, to, enough, be a basketball player, tall)

**풀이 |** '…할 만큼 충분히 ~한'은 「❶[　　]+enough+❷[　　]」로 쓴다.

답 | is tall enough to be a basketball player /
❶ 형용사　❷ to부정사

**5-2** 다음 두 문장의 뜻이 같도록 빈칸에 알맞은 말을 쓰시오.

> It seems that they are boring.
> = They _____ _____ be boring.

## 확인 6-1

다음 빈칸에 알맞은 것은?

> The beach is worth _____ .

① visit　　　② to visit　　　③ visiting

**풀이 |** worth -ing는 '~할 ❶[　　] 가 있는'이라는 뜻으로 worth 뒤에 ❷[　　] 를 쓴다.

답 | ③ / ❶ 가치　❷ 동명사

**6-2** 다음 문장에서 어법상 어색한 부분을 찾아 밑줄을 치고, 바르게 고쳐 쓰시오.

> Ann is looking forward to go to the concert this summer.

→ _____

## 교과서 체크

### 체크 1-1

다음 빈칸에 알맞은 것은? (두 개)

_____ a picture is really interesting.

① Draw          ② Drawing
③ To drawing     ④ Draws
⑤ To draw

**도움말**

동명사와 to부정사는 둘 다 명사 역할을 할 수 있어서 주어 자리에 올 수 있다.

### 1-2

다음 중 밑줄 친 to부정사의 쓰임이 나머지 넷과 <u>다른</u> 것은?

① The teacher promised <u>to help</u> me.
② <u>To play</u> tennis with you is fun.
③ Their plan is <u>to leave</u> right now.
④ She needs something <u>to drink</u>.
⑤ I want <u>to eat</u> apples.

### 체크 2-1

다음 빈칸에 알맞은 말을 쓰시오.

(1) It was foolish _____ him to be late.
(2) It is good _____ us to be famous.

**도움말**

to부정사의 의미상 주어는 일반적으로 to부정사 앞에 「for+목적격」으로 나타낸다. 사람의 성품이나 태도를 나타내는 형용사 뒤에는 「of+목적격」으로 나타낸다.

### 2-2

다음 중 빈칸에 for가 들어갈 수 <u>없는</u> 것은?

① It is kind _____ you to say so.
② It is exciting _____ me to watch a movie.
③ It is fun _____ us to play together.
④ It is good _____ you to study hard.
⑤ It is easy _____ her to cook.

### 체크 3-1

두 문장이 같은 뜻이 되도록 빈칸에 알맞은 말을 쓰시오.

I begin practicing the guitar.

= I begin _____ the guitar.

**도움말**

begin은 to부정사와 동명사를 모두 목적어로 취할 수 있다.

### 3-2

다음 빈칸에 들어갈 수 <u>없는</u> 것은?

The boy _____ writing a novel.

① finished     ② started     ③ decides
④ likes        ⑤ continues

## 체크 4-1

다음 밑줄 친 동사의 올바른 형태가 바르게 짝지어진 것은?

> • I remembered <u>meet</u> him once.
> • Don't fogot <u>lock</u> the door later.

① meeting – locked
② meeting – to lock
③ to meet – locking
④ meeting – locking
⑤ to meet – to lock

**도움말**

remember/forget+to부정사: (미래에) ~할 것을 기억하다/잊다
remember/forget+동명사: (과거에) ~한 것을 기억하다/잊다

## 4-2

다음 우리말에 맞게 주어진 단어를 이용하여 빈칸에 알맞은 말을 쓰시오.

> 그녀는 그 자전거를 고치려고 노력했다.

➡ She tried _____ the bike.
　　　　　　　(fix)

## 체크 5-1

다음 빈칸에 알맞은 것은?

> My dad seems _____ the truth.

① know
② knows
③ knowing
④ to know
⑤ to knowing

**도움말**

「seem+to부정사」는 '~해 보이다, ~인(하는) 것 같다'라는 의미이다.

## 5-2

다음 중 빈칸에 to가 들어갈 수 <u>없는</u> 것은?

① He was too nervous _____ eat anything.
② The baby is not old enough _____ sit alone.
③ It seems _____ she is getting better.
④ The curry was too spicy _____ eat.
⑤ I ran fast enough _____ catch the thief.

## 체크 6-1

다음 우리말에 맞게 주어진 표현을 바르게 배열하시오.

> 그 바이러스는 내가 조부모님을 방문하는 것을 막았다.

➡ The virus _____ my grandparents.
　　　　　(me, visiting, from, kept)

**도움말**

「keep+A+from -ing」는 'A가 ~하는 것을 막다'라는 의미이다.

## 6-2

다음 중 밑줄 친 부분의 쓰임이 <u>어색한</u> 것은?

① She is used to <u>eating</u> alone.
② The kid is strong enough <u>carrying</u> the bag.
③ The boy couldn't help <u>laughing</u>.
④ He doesn't feel like <u>doing</u> his homework.
⑤ She had difficulty <u>staying</u> awake.

# 2강 개념 총정리 · 현재완료

## 개념 1 현재완료의 형태 / 현재완료의 부정문과 의문문

- 현재완료는 「have (has)+❶ [ ]」의 형태로, 과거에 일어난 일이 현재까지 영향을 미치고 있음을 나타내는 시제이다.
- 현재완료 부정문은 「have (has)+❷ [ ] (never)+과거분사」의 형태로 쓰고, 의문문은 「Have (Has)+주어(+ever)+과거분사 ~?」의 형태로 쓴다.
- 현재완료는 명백한 과거 시점을 나타내는 부사(구)인 yesterday, last year, ~ ago, when 등과 함께 쓸 수 없다.
  I have arrived here three days ago. (×)
  I arrived here three days ago. (○)

답 | ❶ 과거분사  ❷ not

### 예문
- **I have lived** in Seoul since I was ten.
  나는 열 살 때부터 서울에 살고 있다.
- **Have** you **been** to London?
  너는 런던에 가 본 적이 있니?

## 개념 2 현재완료 용법 (1): 계속, 경험

- 현재완료 용법 중 ❶ [ ]
- 과거 특정 시점부터 현재까지 지속되고 있는 동작이나 상태를 나타내며, '계속 ~해 왔다, ~하고 있다'라는 의미를 가진다.
- 계속 용법에 자주 쓰이는 표현: for, since, how long
- 현재완료 용법 중 ❷ [ ]
- 과거부터 현재까지 경험한 일을 나타내며, '~한 적이 있다'라는 의미를 가진다.
- 경험 용법에 자주 쓰이는 표현: ever, never, before, once

답 | ❶ 계속  ❷ 경험

### 예문
- He **has studied** Chinese for two years.
  그는 2년 동안 중국어를 공부하고 있다.
- I **have** never **eaten** French food.
  나는 프랑스 음식을 먹어본 적이 없다.

## 개념 3 현재완료 용법 (2): 완료, 결과

- 현재완료 용법 중 ❶ [ ]
- 과거에 시작한 일이나 동작이 지금 막 완료되었음을 나타내며, '벌써(이미/지금 막) ~했다'라는 의미를 가진다.
- 완료 용법에 자주 쓰이는 표현: yet, already, just
- 현재완료 용법 중 ❷ [ ]
- 과거의 동작이나 행위가 현재까지 영향을 미칠 때 사용하며, '~했다, ~해 버렸다'라는 의미를 가진다.
- 현재 상황을 알 수 없는 과거시제와는 다르게, 현재완료는 '과거에 ~했다. 그래서 현재 …하다'라는 의미로 현재 상황까지 내포한다.

답 | ❶ 완료  ❷ 결과

### 예문
- She **has** just **finished** her work.
  그녀는 막 그녀의 일을 끝냈다.
- He **has gone** to Paris.
  그는 파리로 가버렸다.

## 확인 1-1

다음 괄호 안에서 알맞은 것을 고르시오.

I (have visited / visited) the museum last year.

**풀이 |** 현재완료는 단순 과거 시제와 달리 과거에 일어난 일이 ❶ [     ] 까지 영향을 미칠 때 쓰는 표현이며, last year과 같은 명백한 ❷ [     ] 시점을 나타내는 부사구와 함께 쓸 수 없다.

답 | visited / ❶ 현재   ❷ 과거

## 1-2 다음 우리말을 영어로 옮길 때 괄호 안의 단어를 알맞은 형태로 바꿔 빈칸에 쓰시오.

너는 배드민턴 경기를 해 본 적이 있니?

→ _____ you ever _____ a badminton game? (play)

## 확인 2-1

다음 빈칸에 알맞은 것은?

Mike has _____ in Jeju for 2 years.

① lived          ② living          ③ will live

**풀이 |** Mike가 2년 동안 제주도에서 살고 있는 상황을 나타내는 문장이므로 ❶ [     ] 시제로 써야 하며, 현재완료는 「have(has)+ ❷ [     ] 」의 형태이다.

답 | ① / ❶ 현재완료   ❷ 과거분사

## 2-2 다음 우리말과 일치하도록 빈칸에 알맞은 말이 바르게 짝지어진 것은?

He _____ worked here _____ 2016.
그는 2016년부터 이곳에서 일하고 있다.

① have – since
② has – for
③ has – since

## 확인 3-1

다음 빈칸에 공통으로 알맞은 말을 〈보기〉에서 골라 쓰시오.

〈보기〉
| is | have | does | has |

• The boy _____ already started the game.
• She _____ never been to Canada.

**풀이 |** 첫 번째 문장은 이미 경기를 시작했으므로 현재완료 용법 중 ❶ [     ] 이다. 두 번째 문장은 캐나다에 가 본 적이 없다는 의미이므로 현재완료 용법 중 ❷ [     ] 이다.

답 | has / ❶ 완료   ❷ 경험

## 3-2 다음 빈칸에 공통으로 알맞은 말을 쓰시오.

• Jenny and Tom _____ gone to their home.
• I _____ used this pencil case for 2 years.

# 교과서 체크

## 체크 1-1

다음 빈칸에 알맞은 것은?

> I have _____ piano lessons since 2020.

① take        ② took        ③ taking
④ taken       ⑤ to take

**도움말**

현재완료 시제이므로 have 뒤에는 동사의 과거분사형이 와야 한다.

## 1-2

다음 문장을 의문문으로 바르게 바꾼 것은?

> You have played baseball before.

① Did you play baseball before?
② Do you play baseball before?
③ Have you played baseball before?
④ Will you play baseball before?
⑤ Are you playing baseball before?

## 체크 2-1

다음 중 현재완료의 용법이 나머지와 <u>다른</u> 것은?

① I have never visited Italy.
② We have played golf for 5 years.
③ Jamie has seen the movie three times.
④ He has met her before.
⑤ They have been on a plane.

**도움말**

현재완료 용법에는 계속, 경험, 완료, 결과가 있다.

## 2-2

다음 중 현재완료의 용법이 <보기>와 같은 것은?

> ───〈보기〉───
> She has just eaten a sandwich.

① She has gone shopping.
② I have traveled alone before.
③ He has broken his legs.
④ We have lived in Seoul for 5 years.
⑤ The plane has already arrived.

## 체크 3-1

다음 두 문장을 한 문장으로 바꿔 쓸 때 빈칸에 알맞은 말을 쓰시오.

> I started to study Chinese in 2018. I still study Chinese now.

→ I _____ _____ Chinese since 2018.

**도움말**

현재완료 계속 용법은 과거의 특정 시점에서 시작된 일이 현재까지 지속되는 경우를 표현한다.

## 3-2

다음 빈칸에 알맞은 것은?

> He has _____ his wallet, so he will buy a new one.

① lose        ② lost        ③ losing
④ to lose     ⑤ been lost

## 체크 4-1

다음 중 어법상 어색한 문장은?

① The class has not started yet.
② We have worked at school for 2 years.
③ Tom has arrived yesterday.
④ I have never heard that news.
⑤ She has already eaten dinner.

**도움말**

현재완료는 명백한 과거를 나타내는 부사(구) 함께 쓸 수 없다.

## 4-2

다음 문장에서 어법상 어색한 한 단어를 바르게 고쳐 문장을 다시 쓰시오.

I have never saw a shooting star.

➡ _____

## 체크 5-1

다음 대화의 빈칸에 알맞은 것은?

A: Have you ever been to Paris?
B: _____ I have been there once.

① Yes, I do.        ② No, I don't.
③ Yes, I have.      ④ No, I haven't.
⑤ Yes, I did.

**도움말**

현재완료의 의문문은 「Have (Has) + 주어(+ ever) + 과거분사 ~?」이고, 대답 또한 have(has)를 이용한다.

## 5-2

다음 주어진 문장과 의미가 가장 가까운 것은?

He left Seoul, and he's not there now.

① He left Seoul.
② He leaves Seoul.
③ He is leaving Seoul.
④ He has left Seoul.
⑤ He have left Seoul.

## 체크 6-1

다음 두 문장을 한 문장으로 바꿔 쓸 때 빈칸에 알맞은 말을 쓰시오.

John was in the theater at 5 o'clock. Now, it's 7 o'clock and he is still in the theater.

➡ John _____ _____ in the theater _____ two hours.

**도움말**

현재완료의 계속 용법에 주로 사용되는 표현에는 for, since 등이 있다.

## 6-2

다음 우리말을 영어로 옮길 때 괄호 안의 단어를 바르게 배열하시오.

그는 이미 그의 방을 청소했다.

➡ _____

(cleaned, already, his room, has, he)

## 개념 1   주격 관계대명사

◎ 주격 관계대명사는 두 절을 연결하면서 뒤에 오는 관계사절의 ❶⬚ 를 대신하는 대명사 역할을 한다.

◎ 선행사에 따른 주격 관계대명사의 종류

| | |
|---|---|
| who | 선행사가 사람일 때 |
| which | 선행사가 사물 또는 동물일 때 |
| ❷⬚ | 선행사의 종류에 관계없이 사용 가능 |

◎ 선행사란 관계대명사 앞에 오는 명사이며, 주격 관계대명사 뒤의 동사는 앞의 선행사에 수를 일치시켜야 한다.

Sora is the girl **who**〔**that**〕 speaks English well.
　　　　 <u>선행사</u>

답 | ❶ 주어   ❷ that

**예문**
· The boy **who** wears a shirt is in the room.
　셔츠를 입은 소년은 방 안에 있다.
· She went to the store **which** is at the corner.
　그녀는 모퉁이에 있는 가게에 갔다.

## 개념 2   목적격 관계대명사

◎ 목적격 관계대명사는 두 절을 연결하면서 뒤에 오는 관계사절의 ❶⬚ 를 대신하는 대명사 역할을 한다. 목적격 관계대명사는 생략이 가능하다.

◎ 선행사에 따른 목적격 관계대명사의 종류

| | |
|---|---|
| who / whom | 선행사가 ❷⬚ 일 때 |
| which | 선행사가 사물 또는 동물일 때 |
| that | 선행사의 종류에 관계없이 사용 가능 |

답 | ❶ 목적어   ❷ 사람

**예문**
· He is the man **whom** I met at the park.
　그는 내가 공원에서 만났던 남자이다.
· The book **that** I gave him is on the table.
　내가 그에게 주었던 책이 탁자 위에 있다.

## 개념 3   관계대명사 what

◎ 관계대명사 what은 ❶⬚ 를 포함하는 관계대명사로, '~하는 것'이라는 의미를 가진다. 이때 what은 the thing(s) which〔that〕로 바꿔 쓸 수 있다.

This is **what** I was looking for. 이것은 내가 찾고 있던 것이다.
= This is the thing which〔that〕 I was looking for.

◎ 관계대명사 what이 이끄는 절은 문장에서 ❷⬚ , 목적어, 보어 역할을 한다.

**What** I want is a nice car. 내가 원하는 것은 멋진 차이다.
　<u>주어 역할</u>

답 | ❶ 선행사   ❷ 주어

**예문**
· **What** Chris wants as a gift is a watch.
　Chris가 선물로 원하는 것은 시계이다.
· My aunt liked **what** I prepared.
　나의 이모는 내가 준비한 것을 좋아했다.

**확인 1-1**

다음 괄호 안에서 알맞은 것을 고르시오.

I have some friends who (is / are) taller than me.

**풀이 |** 괄호 안은 관계사절의 ❶ [ ] 가 들어가는 자리로, 선행사인 some friends가 ❷ [ ] 이므로 수 일치를 위해 동사는 be동사의 복수형인 are가 알맞다.

답 | are / ❶ 동사  ❷ 복수

**1-2** 다음 빈칸에 알맞은 말을 〈보기〉에서 골라 쓰시오.

〈보기〉
what    which    who

The cat _____ is in front of me has a long tail.

**확인 2-1**

다음 빈칸에 알맞은 것은?

The boy _____ I like is walking with a dog.

① whom    ② which    ③ what

**풀이 |** 빈칸 앞의 선행사 The boy가 ❶ [ ] 이고, 빈칸이 이끄는 절에 목적어가 없으므로 빈칸에는 ❷ [ ] 관계대명사 who 또는 whom이나 that이 알맞다.

답 | ① / ❶ 사람  ❷ 목적격

**2-2** 다음 두 문장을 관계대명사를 이용하여 한 문장으로 바꿀 때 빈칸에 알맞은 말을 쓰시오.

I brought the bag. She made the bag for me.

➡ I brought the bag _____ she made for me.

**확인 3-1**

다음 주어진 문장과 뜻이 같도록 빈칸에 알맞은 말을 쓰시오.

The thing which I bought is a green pen.

= _____ I bought is a green pen.

**풀이 |** 빈칸 앞에 선행사가 없으므로, 빈칸에는 ❶ [ ] 를 포함하는 관계대명사 ❷ [ ] 이 알맞다.

답 | What / ❶ 선행사  ❷ what

**3-2** 다음 빈칸에 알맞은 것은?

I will eat _____ I made this morning.

① who    ② that    ③ what

### 체크 1-1

다음 빈칸에 알맞은 것은?

> Have you seen the woman _____ wears a beautiful hat?

① what      ② who

③ whom      ④ and

⑤ which

**도움말**

두 개의 절을 연결하면서 빈칸이 이끄는 절의 주어를 대신하는 주격 관계대명사가 와야 한다.

### 1-2

다음 중 밑줄 친 that이 주격 관계대명사인 것은?

① He borrowed a bag that had a big pocket.

② The bakery that I like is at the corner.

③ I ate the bread that my mother made.

④ The book that I read yesterday was fun.

⑤ The man that I met on the bus is my uncle.

### 체크 2-1

다음 밑줄 친 that과 바꿔 쓸 수 있는 것은?

> My dog that I love the most has big eyes.

① who      ② whom

③ whose      ④ which

⑤ what

**도움말**

선행사가 사람일 때는 who(m), whose, 동물 또는 사물일 때는 which를 쓰며, 선행사에 관계없이 that을 쓸 수 있다.

### 2-2

다음 밑줄 친 ①~⑤ 중 필요 없는 것은?

> She is wearing ① the blouse ② which ③ Tom gave ④ it to ⑤ her.

### 체크 3-1

다음 밑줄 친 부분을 어법에 맞게 고쳐 쓰시오. (3단어)

> Show me that you brought from Taiwan.

→ _____

**도움말**

관계대명사 앞에 선행사가 없으므로 선행사를 포함하는 관계대명사 what을 써야 한다. what은 '~하는 것'이라는 의미이다.

### 3-2

다음 문장에서 어법상 어색한 한 단어를 찾아 바르게 고치시오.

> This is that I want to buy.

_____ → _____

## 체크 4-1

다음 빈칸에 알맞은 것은?

> He knows a bookstore _____ selling various books.

① that are   ② who is
③ which is   ④ which are
⑤ whose is

**도움말**

관계대명사는 선행사가 동물 또는 사물일 때 which나 that을 사용하며, 관계사절의 동사의 수는 선행사에 일치시킨다.

## 4-2

다음 우리말을 영어로 옮길 때 빈칸에 알맞은 말을 쓰시오.

> 그녀는 우리 반에서 가장 큰 가방을 가지고 있다.

➡ She has the bag _____ _____ the biggest in our class.

## 체크 5-1

다음 중 밑줄 친 whom의 쓰임이 어법상 어색한 것은?

① I know the woman whom you love.
② There is a girl whom I saw at the party.
③ I helped a man whom I met yesterday.
④ She is a lawyer whom everyone knows.
⑤ Chris is the student whom likes reading.

**도움말**

whom은 선행사가 사람일 때 쓰는 목적격 관계대명사로 뒤에 「주어+동사」가 온다.

## 5-2

다음 중 밑줄 친 부분을 생략할 수 있는 것은? (두 개)

① The man who is over there is my father.
② She knows the man who won the contest.
③ This is the bag which she bought last Sunday.
④ I have an uncle who is a math teacher.
⑤ He is a great scientist who many people respect.

## 체크 6-1

다음 두 문장을 관계대명사 what을 이용하여 한 문장으로 바꿔 쓰시오.

> Sue thought about the thing. Her mother gave it to her.

➡ _____

**도움말**

'~하는 것'이라는 의미의 관계대명사 what은 선행사를 포함하며, the thing which(that)로 바꿔 쓸 수 있다.

## 6-2

다음 빈칸에 공통으로 알맞은 것은?

> • _____ he says is generally true.
> • I want _____ she made yesterday.

① Which[which]   ② What[what]
③ That[that]   ④ Who[who]
⑤ When[when]

## 체크 7-1

다음 〈보기〉의 밑줄 친 that과 쓰임이 <u>다른</u> 것은?

─── 〈보기〉───
The river <u>that</u> flows through Seoul is the Hangang.

① I know the girl <u>that</u> is standing over there.
② He found the wallet <u>that</u> he had lost.
③ She has a sister <u>that</u> plays the violin well.
④ Look at the man <u>that</u> is dancing on the stage.
⑤ The boy <u>that</u> is wearing glasses is Sam.

**도움말**
주격 관계대명사는 이어지는 절에서 주어 역할을 하며 주격 관계대명사 뒤에는 동사가 이어진다.

## 7-2

다음 중 밑줄 친 관계대명사의 쓰임이 나머지와 <u>다른</u> 것은?

① I know a boy <u>that</u> has blue eyes.
② A scale is a device <u>that</u> measures weight.
③ I have a friend <u>that</u> is from Tailand.
④ The man <u>that</u> Sally likes is wearing a cap.
⑤ The girl <u>that</u> is playing tennis is my friend.

## 체크 8-1

다음 빈칸에 알맞은 것은? (두 개)

I am eating pizza _____ my mom made.

① who
② whom
③ which
④ that
⑤ what

**도움말**
두 개의 절을 연결하면서 빈칸이 이끄는 절의 목적어를 대신하는 목적격 관계대명사 와야 한다.

## 8-2

다음 빈칸에 들어갈 수 있는 관계대명사를 <u>모두</u> 쓰시오.

He returned the book _____ he borrowed from the library.

## 체크 9-1

우리말과 일치하도록 괄호 안의 말을 바르게 배열하시오.

나는 그녀가 말한 것을 이해할 수 없었다.
(what, I, understand, said, she, couldn't).

→ _____

**도움말**
관계대명사 what이 이끄는 절은 문장에서 주어, 목적어, 보어 역할을 한다.

## 9-2

다음 우리말을 영어로 옮긴 문장에서 어법상 <u>어색한</u> 한 단어를 찾아 바르게 고치시오.

나는 네가 했던 것이 자랑스럽다.
→ I'm proud of which you have done.

_____ → _____

## 체크 **10-1**

다음 빈칸에 알맞은 것은? (두 개)

> The man _____ lives next door is a policeman.

① that          ② who
③ whom       ④ which
⑤ whose

**도움말**

주격 관계대명사는 두 절을 연결하는 접속사 역할과 뒤에 오는 관계사절의 주어를 대신하는 대명사 역할을 한다.

## 10-2

다음 빈칸에 공통으로 알맞은 것은?

> • I have a daughter _____ wants to be a doctor.
> • My mother made the soup _____ was delicious.

① who         ② which
③ that         ④ whose
⑤ what

## 체크 **11-1**

다음 중 빈칸에 which가 들어갈 수 없는 것은?

① This is the car _____ my father bought last month.
② The spaghetti _____ I ate was too salty.
③ It is the watch _____ he lost before.
④ The pants _____ are on the bed is mine.
⑤ She is the woman _____ I met at the park.

**도움말**

목적격 관계대명사로, 선행사가 사람일 때는 who(m) 또는 that을 쓴다.

## 11-2

다음 중 밑줄 친 부분의 쓰임이 어법상 어색한 것은?

① The pizza which is on the table is cold.
② The girl who played the piano was Mina.
③ This is the restaurant that my friend likes.
④ The boy which you saw yesterday is my brother.
⑤ It is the ring which her mother gave for her birthday.

## 체크 **12-1**

다음 주어진 문장과 뜻이 같도록 빈칸에 알맞은 말을 한 단어로 쓰시오.

> The thing which I want to be is a singer.
> = _____ I want to be is a singer.

**도움말**

what은 선행사를 포함하는 관계대명사로, 주어, 목적어, 보어 역할을 하는 절을 이끈다.

## 12-2

다음 괄호 안에서 알맞은 것을 고르시오.

> (Which / What) she said is true.

선다형 1번~10번과 서답형 1번~2번 문제는 듣고 푸는 문제입니다. 녹음 내용을 잘 듣고 물음에 답을 하시기 바랍니다.

**1** 대화를 듣고, 남자가 가장 좋아하는 음료를 고르시오.
[5점]

①
②
③
④

**2** 다음을 듣고, 내일 날씨로 적절한 것을 고르시오. [5점]

① sunny
② cloudy
③ windy
④ rainy

**3** 대화를 듣고, 여자의 심정으로 가장 적절한 것을 고르시오. [5점]

① 외롭다.
② 설렌다.
③ 초조하다.
④ 화가 난다.

**4** 대화를 듣고, 현재 시각으로 적절한 것을 고르시오.
[5점]

① 3시 50분
② 4시
③ 4시 10분
④ 4시 20분

**5** 다음을 듣고, 그림의 상황에 가장 적절한 대화를 고르시오. [5점]

①        ②        ③        ④

**6** 다음을 듣고, 무엇에 관한 설명인지 고르시오. [5점]

① 탈춤
② 씨름
③ 윷놀이
④ 소싸움

**서답형 1** **신유형**

대화를 듣고, 빈칸에 적절한 말을 한 단어로 쓰시오. [5점]

**Welcome to ABC Zoo**

- Where they live: Asia, North America, _____

- What they eat: meat, fish, fruit

**7** 대화를 듣고, 여자가 남자에게 말하고자 하는 의도를 고르시오. [5점]

① 초대하기
② 길 묻기
③ 부탁하기
④ 지시하기

**9** 대화를 듣고, 여자의 마지막 말에 이어질 남자의 응답으로 가장 적절한 것을 고르시오. [5점]

① From this Sunday.
② We are closed on Mondays.
③ Children under 5 are free.
④ You can take the subway line 3.

**8** 대화를 듣고, 선생님이 충고한 내용으로 가장 적절한 것을 고르시오. [5점]

① 영어 일기 쓰기
② 이야기책 읽기
③ 외국인과 대화하기
④ 단어와 문장 외우기

**[10, 서답형 2]**

10번과 서답형 2번은 같은 내용을 문항당 한 번씩 두 번 들려줍니다. 물음에 답하시오.

| 4 p.m. ~ 7 p.m. | doing homework |
|---|---|
| 7 p.m. ~ 9 p.m. | eating dinner |
| | watching TV |
| 9 p.m. | _____ |
| 11 p.m. | going to bed |

**융합**

**10** 다음을 듣고, 위 일과표의 빈칸에 들어갈 내용으로 가장 적절한 것을 고르시오. [5점]

① playing tennis
② doing exercise
③ walking the dog
④ listening to music

**서답형 2** **신유형**

다음을 듣고, 질문에 대한 답이 되도록 빈칸에 적절한 말을 숫자로 쓰시오. [5점]

Question: According to the speaker, what time does Anna usually come home?
Answer: She usually comes home at _____ .

**듣기평가 문제종료** 이제 듣기 문제가 끝났습니다. 다음 문제부터는 읽고 푸는 문제입니다.

**신유형**

**11** 다음 대화의 빈칸에 들어갈 말로 가장 적절한 것은?

[5점]

A: How may I help you, sir?
B: I want a DVD title that I can watch with my younger brothers.
A: Oh, do you have a particular kind in mind?
B: No. I don't know what to choose.
A: Here's a good one, "X-men Final." Boys really seem to like it.
B: Sorry, we've already seen it.
_____
A: Sure. We've got tons of new movies here. Here's a list of new releases.

① How long is the movie?
② What kinds of movies do you like to see?
③ Do you have anything new to recommend?
④ Would you like to see the movie with me?

**12** 다음 글의 주제로 가장 적절한 것은? [5점]

Some people believe that carrying a particular coin can bring good luck. Sometimes women wear a coin on a necklace for luck. A coin with a hole in it is thought to be especially lucky in some countries. This idea got started long ago. People believed that a shell or a stone with a hole in it could keep away evil spirits. Coins with a hole were thought to have the same powers.

① 동전과 목걸이
② 동전에 관한 미신
③ 행운을 가져오는 돈
④ 동전과 조개껍데기의 차이

**13** 다음 글에서 여우가 밑줄 친 말을 한 이유로 가장 적절한 것은? [5점]

A hungry fox saw grapes hanging on a grapevine. They looked so delicious that he wanted to eat them. He jumped and jumped to try to reach them. But the grapes were too high for him. He had to give up trying. He said to himself, "Oh, they were probably sour any way!", and he went away.

① 포도를 좋아하지 않아서
② 자신의 기분을 위로하려고
③ 포도가 너무 시고 맛이 없어서
④ 다른 동물들이 포도를 먹지 못하게 하려고

**14** Beethoven에 관한 내용과 일치하지 <u>않는</u> 것은?
[5점]

Beethoven was a great composer. He had an unhappy childhood. When he was four years old, his father taught him music. What Beethoven learned at first was playing the piano. If he made a mistake, his father shouted or hit him. However, Beethoven didn't hate music. Music was the only thing that he liked. Now, he is known as a famous pianist and composer whom many people respect.

① 유년기는 행복하지 않았다.
② 아버지는 엄한 성격이었다.
③ 연습할 때 실수를 했다.
④ 아버지로 인해 음악에 흥미를 잃었다.

**15** Betty의 성격으로 가장 적절한 것은? [5점]

Betty loves her garden where she grows some vegetables. She respects the land and plants. When she takes care of her garden, she feels so happy. She often says, "I just don't need much." That's why she doesn't own many things. She never throws away old things. She also loves repairing old things that she bought at a second-hand shop. Betty's lifestyle shows how a person can live without greed.

① 검소하다.
② 성급하다.
③ 열정적이다.
④ 사교적이다.

**서답형 3** **신유형**

다음 글을 읽고, 내용과 일치하도록 빈칸에 적절한 말을 본문에서 찾아 한 단어로 쓰시오. [5점]

In Greek mythology, the sphinx was not an imaginary animal. It had the head of a human, the body of a lion, and the wings of a bird. The sphinx lived near the city of Thebes. When people entered Thebes, they had to pass by the sphinx. But the animal told them to answer his riddle. The sphinx killed them unless they gave the right answer. The riddle was: "What has four legs in the morning, two legs at noon, and three legs at night?"

↓

When people entered Thebes, the sphinx told them to solve his _____.

**[16, 서답형 4]**

다음 글을 읽고, 물음에 답하시오.

Fish and chips is the classic English takeout food and it is the traditional food of England. It became popular in the 1860's when railways began to bring fresh fish straight from the coast to the big cities over night. The fish is deep fried and is eaten with chips. It had been wrapped in newspaper but nowadays it is wrapped in more hygienic paper.

\*hygienic 위생적인

**16** 윗글의 내용을 바르게 이해하지 <u>못한</u> 학생은? [5점]

① 민수: 피시앤칩스는 영국의 전통 음식이야.

② 소연: 피시앤칩스는 1860년대에 인기를 얻게 되었대.

③ 희애: 피시앤칩스는 튀긴 생선과 감자튀김을 함께 먹는 음식이구나.

④ 다영: 요즘 피시앤칩스는 신문지로 포장해 주는구나.

**서답형 4 신유형**

다음은 두 친구의 대화이다. 윗글의 내용과 일치하도록 〈조건〉에 맞게 빈칸을 채워 문장을 완성하시오. [5점]

〈조건〉
○ 주어진 6개의 단어 중 3개만 사용할 것
○ 선택한 3개의 단어를 바르게 배열할 것
○ 단어의 형태를 변형하지 말 것

How did fish and chips become popular?

It became popular when railways started to _____ _____ (fresh, old, fish, catch, carry, chips) straight from the coast to the big cities.

선다형 1번~10번과 서답형 1번~2번 문제는 듣고 푸는 문제입니다. 녹음 내용을 잘 듣고 물음에 답을 하시기 바랍니다.

듣기평가

**1** 대화를 듣고, 그림에서 남자의 여동생을 고르시오. [5점]

① ② ③ ④

**2** 대화를 듣고, 대화가 이루어지는 장소를 고르시오. [5점]

① 교실
② 도서관
③ 체육관
④ 학교 식당

**3** 대화를 듣고, 여자가 지불해야 할 금액을 고르시오. [5점]

① $14
② $30
③ $36
④ $40

**4** 대화를 듣고, 지나의 장래 희망을 고르시오. [5점]

① an actress
② an inventor
③ a movie director
④ a script writer

융합

**5** 대화를 듣고, 남자가 찾아갈 장소를 고르시오. [5점]

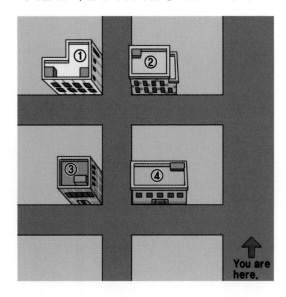

점수 /100

**6** 대화를 듣고, 두 사람의 관계로 가장 적절한 것을 고르시오. [5점]

① 의사 – 환자
② 교사 – 학생
③ 점원 – 손님
④ 경찰 – 운전자

**서답형 1** 신유형

다음을 듣고, 빈칸에 적절한 말을 한 단어로 쓰시오. [5점]

- Name: John Pitt
- School: Soram Middle School
- Hometown: Vancouver, Canada
- Hobby: playing _____
- Nickname: Great Soccer Player

**7** 다음을 듣고, 남자가 먹지 <u>않은</u> 음식을 고르시오. [5점]

① pizza
② spaghetti
③ a sandwich
④ potato chips

**9** 대화를 듣고, 여자의 마지막 말에 이어질 남자의 응답으로 가장 적절한 것을 고르시오. [5점]

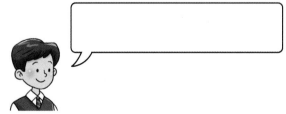

**8** 대화를 듣고, 두 사람의 공통점으로 적절한 것을 고르시오. [5점]

① 매일 운동하는 것
② 책을 많이 읽는 것
③ 아침 식사를 거르지 않는 것
④ 온라인에서 시간을 많이 보내는 것

① I can't believe it!
② I didn't know that.
③ That's good news.
④ I learned it from my teacher.

[**10, 서답형 2**]

10번과 서답형 2번은 같은 내용을 문항당 한 번씩 두 번 들려줍니다. 물음에 답하시오.

| Today's Weather Report | |
| --- | --- |
| Canberra | hot and sunny |
| New York | _____ |
| London | rainy |

**융합**

**10** 다음을 듣고, 위 표의 빈칸에 들어갈 말로 가장 적절한 것을 고르시오. [5점]

① hot and windy
② cold and rainy
③ cold and snowy
④ cold and windy

**서답형 2**

다음을 듣고, 질문에 대한 답이 되도록 빈칸에 적절한 말을 주어진 철자로 시작하여 한 단어로 쓰시오. [5점]

Question: What will people in London need today?
Answer: They will need u_____.

**듣기평가 문제종료** 이제 듣기 문제가 끝났습니다. 다음 문제부터는 읽고 푸는 문제입니다.

**11** 다음 글의 밑줄 친 This(this)가 의미하는 것은?
[5점]

This is the first meal of the day. Some people eat toast or cereal for this. Others skip this just because they are busy or they have no appetite. This gives you the energy necessary to start a new day. In addition, this is good for both your physical and mental health.

① milk
② fruit
③ lunch
④ breakfast

**12** 글의 흐름으로 보아 전체 내용과 관계 <u>없는</u> 문장은?
[5점]

Cellular phones have changed our lives. ① We can make calls with them whenever or wherever we want to. ② People should not use cellular phones when they are driving. ③ We can also send text messages and photographs. ④ It is even possible to watch TV or check e-mail with cellular phones.

신유형

**13** 다음 중 대화가 <u>어색한</u> 것은? [5점]

① Is there a hospital around here?

　Yes, there is one next to the park.

② Is it OK if I use your computer?

　Sure. It is broken.

③ Are you ready to order now?

　Yes, I'll have a strawberry shake.

④ My son is very sick. He has the flu.

　I hope he'll get better soon.

**14** 다음 글의 주제로 가장 적절한 것은? [5점]

　A sea horse is a small and unique fish. According to a study, the sea horse keeps its babies in a pouch like a kangaroo. However, the pouch is on the father! The mother lays the eggs in the father's pouch, and the father cares for them.

① 해마의 먹이
② 해마의 서식지
③ 해마의 독특한 번식 방법
④ 해마의 독특한 생김새

**15** 다음 글의 마지막에 드러난 Mrs. Baker의 심경으로 가장 적절한 것은? [5점]

Mr. and Mrs. Baker were very glad to receive two free tickets for a famous musical. They could not find out who had sent the tickets to them. Mr. Baker said, "It must be one of my best friends. Let's go out anyway." They went to the theater and enjoyed the great musical. When they came back, however, they found nothing valuable left in the house. "Oh my! We shouldn't have gone to the theater," Mrs. Baker shouted.

① 기쁘다.
② 만족스럽다.
③ 그립다.
④ 후회스럽다.

**서답형 3** **신유형**

다음 글을 읽고, 내용과 일치하도록 빈칸에 적절한 말을 본문에서 찾아 한 단어로 쓰시오. [5점]

Stephen King is one of the most successful American writers in history. He has written over 50 bestselling horror novels. His books have been translated into 33 different languages. Also, over 30 million copies of his novels have been published.

↓

Stephen King's books have been translated into 33 different _____.

**[16. 서답형 4 ]**

다음 글을 읽고, 물음에 답하시오.

Fires kill thousands of people every year. Let's learn what to do when a fire breaks out. Here are some rules to follow at home. The first thing to do is to make an escape plan. In a fire, smoke and flames may block stairs or a hallway. Find a way to get out of each room in your home. You may have to climb out through a window. Don't try to fight a fire yourself. Get away from the fire and call the fire department.

**16** 윗글의 목적으로 가장 적절한 것은? [5점]

① 화재로 인한 피해를 강조하려고
② 화재 발생의 원인을 강조하려고
③ 화재 발생 시 해야 할 일을 알리려고
④ 화재를 예방하는 규칙을 알리려고

**서답형 4** **융합**

다음은 화재 관련 경고문이다. 윗글의 내용과 일치하도록 〈조건〉에 맞게 빈칸을 채워 문장을 완성하시오. [5점]

〈조건〉
○ 그림의 상황에 맞게 주어진 3개의 표현을 바르게 배열할 것
○ 주어진 표현의 형태를 변형하지 말 것

When a fire breaks out, don't try to
_____.
(fight, yourself, a fire)
You should get away from the fire and call the fire department!

# 기초성취도 평가 3회

듣기평가

**1** 다음을 듣고, 그림의 상황에 가장 적절한 대화를 고르시오. [5점]

①     ②     ③     ④

**2** 대화를 듣고, 질문에 대한 응답으로 가장 적절한 것을 고르시오. [5점]

> Answer: _____

① Small lights.
② A big present.
③ A paper star.
④ Pretty ribbons.

**3** 대화를 듣고, 여자의 심경으로 가장 적절한 것을 고르시오. [5점]

① 미안함
② 즐거움
③ 기대됨
④ 실망함

신유형

**4** 대화를 듣고, 여자가 여름방학 휴가지로 부산을 선택한 이유로 언급되지 <u>않은</u> 것을 고르시오. [5점]

① 멀지 않아서
② 친구가 있어서
③ 모래 축제를 방문할 수 있어서
④ 해산물을 먹을 수 있어서

**5** 대화를 듣고, 두 사람의 관계로 가장 적절한 것을 고르시오. [5점]

① 점원 – 손님
② 딸 – 아버지
③ 교사 – 학생
④ 의사 – 환자

**6** 대화를 듣고, 남자가 지불해야 할 금액으로 가장 적절한 것을 고르시오. [5점]

① $25
② $40
③ $55
④ $60

**8** 대화를 듣고, 남자가 할 일을 <u>모두</u> 고르시오. [5점]

① 넥타이 사기
② 꽃 사기
③ 생일 케이크 사기
④ 감사 카드 쓰기

**7** 대화를 듣고, 대화가 이루어지는 장소를 고르시오.
[5점]

①   ②

③   ④

**9** 대화를 듣고, 여자의 마지막 말에 이어질 남자의 응답으로 가장 적절한 것을 고르시오. [5점]

① I don't want to eat soup.
② Because salt is necessary.
③ I like salty and spicy food.
④ Because salty food is not good for health.

## [10, 서답형 1]

10번과 서답형 1번은 같은 내용을 문항당 한 번씩 두 번 들려줍니다. 물음에 답하시오.

**융합**

**10** 대화를 듣고, 이어지는 질문에 대한 답으로 가장 적절한 것을 고르시오. [5점]

① It looks humorous.

② He likes it very much.

③ He bought it at the shop.

④ His friend gave it to him.

**서답형 1** **신유형**

대화를 듣고, 질문에 대한 답이 되도록 빈칸에 적절한 말을 주어진 철자로 시작하여 한 단어로 쓰시오. [5점]

> Question: According to the conversation, what is Tim going to do with the mask?
> Answer: He is going to w_____ it and dance at the school festival.

**서답형 2**

대화를 듣고, 빈칸에 적절한 말을 주어진 철자로 시작하여 한 단어로 쓰시오. [5점]

Do not f_____ the animals!

**듣기평가 문제종료** 이제 듣기 문제가 끝났습니다.
다음 문제부터는 읽고 푸는 문제입니다.

**11** 다음 글의 밑줄 친 this(This)가 의미하는 것은?
[5점]

> People drink this in the morning or after meals. This is black and has a good smell. Today, this comes mostly from Brazil and Columbia in South America.

① tea

② coke

③ milk

④ coffee

**12** 다음 대화의 빈칸에 들어갈 말로 가장 적절한 것은?

[5점]

A: I'm afraid I can't join you at the museum. I think I have to go to the library instead.
B: Why? Do you have a group study meeting?
A: No, I have to borrow a book for my science report.
B: Look. This is the book I bought the other day. _____
A: Oh, thanks. Then we can go to the museum today!

① I'm sorry. Maybe next time.
② I finished, so you can read it.
③ You can buy the ticket online.
④ You can borrow it from the library.

**13** 글의 흐름으로 보아 전체 내용과 관계 없는 문장은?

[5점]

Thanksgiving is a very special American holiday. ① People celebrate it on the fourth Thursday of November. ② People get together with family and friends. ③ Some college students have a test right after the holiday. ④ On Thanksgiving, people eat a very big meal. The main part of the meal is turkey. They also eat mashed potatoes, corn bread and so on.

**14** 다음 글을 읽고, *Lazy Susan*에 대해 알 수 없는 것은? [5점]

A *Lazy Susan* is a rotating tray placed on top of a table. It helps make food more accessible to many people sitting at a large table. It comes in many sizes and shapes, but is usually circular. It is made of glass, wood, steel, etc. You can find a *Lazy Susan* in Chinese restaurants.

① 용도
② 모양
③ 재료
④ 유래

[**15, 서답형③** ]

다음 글을 읽고, 물음에 답하시오.

Emily, Sue, and Linda are all middle school students in different countries. They do different things on Sundays.

Emily lives in Tokyo, Japan. On Sundays, she goes to the gym with her father to play tennis. Her father says, "You'll be a good tennis player soon."

Sue lives in Seoul, Korea. On Sundays, she takes a baking class with her sister. They make chocolate cookies, cakes and so on.

Linda lives in LA, U.S. She is interested in volunteering these days. On Sundays, she goes to a hospital for volunteer work with her friends.

**15** 윗글을 읽고, 세 학생에 관한 설명으로 일치하는 것은?

[5점]

① Emily는 일요일마다 혼자 테니스를 치러 간다.
② Emily는 테니스 선수가 되는 것이 꿈이다.
③ Sue는 제빵을 잘하지 못한다.
④ Linda는 일요일마다 병원에서 자원봉사를 한다.

**서답형 3** 　**융합**

윗글을 읽고, 빈칸에 알맞은 말을 〈보기〉에서 골라 쓰시오.

[5점]

──〈보기〉──

play tennis, volunteer work, a baking class

(1) On Sundays, Emily goes to the gym to

_____.

(2) On Sundays, Sue takes _____

_____ with her sister.

(3) On Sundays, Linda goes to a hospital for

_____.

융합

**16** 다음 대화를 요약할 때 빈칸에 들어갈 말이 바르게 짝지어진 것은? [5점]

> Lily: What do you like to do on rainy days?
> Yura: I like to stay in bed and watch movies. I feel lazy on rainy days! How about you?
> Lily: Believe it or not, I like to go out for a walk in the rain.
> Yura: Really? Don't you get wet?
> Lily: A little. But I don't care. It's really fun. Why don't you come with me next time?
> Yura: No, thanks. I think I'll stay in bed.

⬇

> Yura likes _____(A)_____ on rainy days while Lily likes _____(B)_____ .

  (A)       (B)
① staying in bed ┈┈ reading comic books
② staying in bed ┈┈ walking in the rain
③ taking photos ┈┈ walking in the rain
④ taking photos ┈┈ reading comic books

서답형 **4**

다음 글을 읽고, 내용과 일치하도록 빈칸에 적절한 말을 본문에서 찾아 한 단어로 쓰시오. [5점]

> It is true that working out makes you healthy. The best way to stay in shape is doing aerobic exercises. These exercises let your heart and lungs work well. Jogging, dancing, swimming, and skipping rope are all good aerobic exercises. Make sure you warm up your body before doing exercises. Bend your knees or touch your toes. Stretch your muscles by putting one heel behind you.

⬇

> Doing exercises makes you _____ .

# 학업성취도 평가 1회

선다형 1번~12번과 서답형 1번~2번 문제는 듣고 푸는 문제입니다. 녹음 내용을 잘 듣고 물음에 답을 하시기 바랍니다.

**1** 대화를 듣고, 여자가 좋아하지 <u>않는</u> 과일을 고르시오.

[4점]

**2** 대화를 듣고, 여자의 기분이 좋지 <u>않은</u> 이유를 고르시오.

[4점]

① 피아노가 고장 나서
② 피아노 대회에서 떨어져서
③ 피아노 학원에 가기 싫어서
④ 피아노 대회에 나갈 수 없게 되어서
⑤ 남자의 충고가 마음에 들지 않아서

**3** 대화를 듣고, 두 사람이 주장하는 내용으로 가장 적절한 것을 고르시오. [4점]

① 물 절약
② 전기 절약
③ 자원 재활용
④ 쓰레기 줄이기
⑤ 야생 동물 보호

**4** 다음을 듣고, 설명하는 것으로 가장 적절한 것을 고르시오. [4점]

① 축구    ② 테니스
③ 농구    ④ 골프
⑤ 야구

**5** 대화를 듣고, 두 사람의 관계로 가장 적절한 것을 고르시오. [4점]

① 교사 – 학생
② 의사 – 환자
③ 경찰 – 행인
④ 수리 기사 – 고객
⑤ 기자 – 수영 선수

점수 　/100

**6** 대화를 듣고, 두 사람이 무엇에 관해 이야기하고 있는지 고르시오. [4점]

① 전학 온 친구　　② 친구의 여행
③ 호주의 문화　　④ 친구의 이민
⑤ 친구의 생일 파티

신유형

**7** 대화를 듣고, 두 사람이 가입할 동아리를 고르시오. [4점]

①  Cooking Club
②  Dance Club
③  Guitar Club
④  Movie Club
⑤  Art Club

**8** 다음을 듣고, 방문객이 하게 될 일이 <u>아닌</u> 것을 고르시오. [4점]

① 영화 시청하기　　② 공장 견학하기
③ 초콜릿 시식하기　　④ 초콜릿 만들기
⑤ 기념품 사기

**9** 대화를 듣고, 남자의 마지막 말에 이어질 여자의 응답으로 가장 적절한 것을 고르시오. [4점]

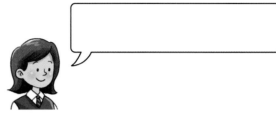

① Yes, I practiced a lot more than before.
② Really? I'm sorry to hear that.
③ Don't worry. I will do better next time.
④ Well, yes. You know, practice makes perfect.
⑤ If you were me, would you practice more?

신유형

**10** 대화를 듣고, 주어진 질문에 대한 응답으로 가장 적절한 것을 고르시오. [4점]

> Question: Why are they planning to go to the library?
> Answer: _____

① To return some books.
② To study for the test.
③ To do volunteer work.
④ To find some information.
⑤ To prepare for the assignment.

**11** 대화를 듣고, 남자의 기분으로 가장 적절한 것을 고르시오. [4점]

① upset  ② excited
③ gloomy  ④ nervous
⑤ disappointed

**서답형 1** **창의**

대화를 듣고, 주어진 철자로 시작하는 두 단어를 이용하여 남자의 상황을 묘사하는 문장을 완성하시오. [4점]

I'm so glad to get a b_____
p_____ from my uncle.

**[12, 서답형 2 ]**

12번과 서답형 2번은 같은 내용을 문항당 한 번씩 두 번 들려줍니다. 물음에 답하시오.

**12** 대화를 듣고, 대화가 이루어지는 장소를 고르시오. [4점]

①   ②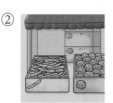

③   ④

⑤

**서답형 2** **융합**

대화를 듣고, 질문에 대한 답이 되도록 빈칸에 적절한 말을 숫자로 쓰시오. [5점]

Question: How much does the woman have to pay?

Answer: She has to pay _____ dollars in total.

**듣기평가 문제종료** 이제 듣기 문제가 끝났습니다.
다음 문제부터는 읽고 푸는 문제입니다.

**13** 다음 글의 마지막에 드러난 글쓴이의 심경으로 가장 적절한 것은? [4점]

Yesterday, Mom and Dad were pleased to see my report card. We went to a family restaurant to have dinner. The restaurant was quiet and the seats were comfortable. But the happy time didn't last long. Several girls came in, sat down at the table behind me, and made a lot of noise. "They have no etiquette. I must say something," I thought and stood up. When I turned around, however, I found that the girls were my old friends. I didn't know what to say.

① 즐거움  ② 만족함
③ 초조함  ④ 고마움
⑤ 당황함

**신유형**

## 14 다음 출입국에 필요한 사증(visa)의 내용을 보고 알 수 <u>없는</u> 것은? [4점]

UNITED STATES
OF AMERICA                    VISA

| | |
|---|---|
| Issuing Post Name | Control Number |
| SEOUL | 20221234567800 |
| Surname | Visa Type / Class |
| KIM | R        F1 |
| Given Name | Sex        Birth Date |
| MINHO | M        01JAN1997 |
| Passport Number | Issue Date      Expiration Date |
| S0123456 | 05MAY2022   04MAY2027 |

① 성별                    ② 여권 번호
③ 유효 기간                 ④ 입국 횟수
⑤ 발급 관청의 소재지

## 15 다음 글의 요지로 가장 적절한 것은? [4점]

Bird names can be used for people who have different habits. Are you a person who wakes up early in the morning? Then you may be a "lark." Are you a person who sleeps late at night and wakes up in the afternoon? Then you may be the type of person that is called an "owl." Which group would be better? There's no right answer. Whichever group you belong to, try to make the most of your time.

① You should get up early in the morning.
② Make the best use of your time.
③ You should follow other people's habits.
④ Starting the day slowly will be much better.
⑤ Larks can fly a lot faster than owls.

## 16 다음 글의 빈칸에 들어갈 말이 바르게 짝지어진 것은? [4점]

How can some basketball players hang in the air so long when they dunk the ball? They aren't breaking any laws of science. How high a player jumps depends on how much ___(A)___ he uses to push off the floor when he jumps. The harder he pushes, the higher he goes, and the longer he stays in the air. The player can jump very high in the air because he has such a ___(B)___ push-off.

|   | (A) | | (B) |
|---|---|---|---|
| ① | weight | ····· | beautiful |
| ② | air | ····· | careful |
| ③ | length | ····· | playful |
| ④ | force | ····· | powerful |
| ⑤ | height | ····· | useful |

**서답형 3** [신유형]

다음 잡지 기사의 내용과 일치하도록 빈칸에 적절한 말을 본문에서 찾아 두 사람의 대화를 완성하시오. [5점]

Teen's Magazine: Science

Cloning Technology

A clone has the same genes as the original. Scientists have already cloned many kinds of animals, including sheep, cows, pigs, mice, and horses. Cloning has some good points. First, endangered animals can be saved when there are just a few of them. Second, we can keep good genes, like the ones that make a horse fast, for example. Third, with cloning skills, we can make cute pets live longer.

Have you read the article about cloning?

Yes. I read that endangered animals can be saved.

Right. With cloning skills, we can also make cute pets ＿＿＿＿＿ ＿＿＿＿＿. I want to live with my pet for a long time.

**17** 다음 글의 내용과 관계있는 속담으로 가장 적절한 것은?

[4점]

My little brother Sam was very short and weak. He had only a few friends. He lost interest in sports. My mother wanted him to be more confident in himself. She started to teach him how to swim. At first, he was afraid to swim in the pool. My mother was a persistent trainer. Soon he was able to swim by himself. In six months, Sam finally won a prize in the swimming race. "I've made it!" he shouted out with joy.

① Still waters run deep.
② Practice makes perfect.
③ Many hands make light work.
④ Birds of a feather flock together.
⑤ A drowning man will catch at a straw.

[창의]

**18** 다음 글의 밑줄 친 부분의 의미로 가장 적절한 것은?

[4점]

My class had a math test. Some of the questions were hard to solve. It took me a lot of time to fill out the answer sheet. Since I was getting nervous, I made a mistake. I held up my hand to get another OMR card. "Come here to exchange cards," the teacher said. After a while, I made a mistake again. I looked at the teacher hopelessly. "I hope you know the number of extra OMR cards is limited," he said, passing me another card.

① Here is an extra card.

② I will give you many cards.

③ Do not make a mistake again.

④ Come here to exchange cards.

⑤ Don't be afraid to make a mistake.

**서답형 4 신유형**

다음 내용과 일치하도록 주어진 문장의 빈칸에 알맞은 말을 쓰시오. [5점]

> We asked students about the majors that they would want to study if they went to university. The top ten choices were:
>
> 1. Law
> 2. Medicine
> 3. Physical Education or Sports Science
> 4. English or English Literature
> 5. Dramas or Theatre Studies
> 6. Art & Design
> 7. Psychology
> 8. Computing or Information Technology
> 9. Business and Management
> 10. Mathematics

> Law is the most popular major. Medicine is less popular than _____. _____ is the least popular major.

**[19, 서답형 5 ]**

다음 글을 읽고, 물음에 답하시오.

> Once, only the gods on Mount Olympus had fire. On earth, the people lived without fire. There being nothing to warm them at night, they had a hard time in the darkness.
> (A) Day after day, a fierce eagle flew down, ripping and clawing at the body of poor Prometheus.
> (B) A brave giant called Prometheus felt sorry for this. He stole the fire from the gods and brought it to the people on earth.
> (C) Zeus, the king of the gods, was angry with Prometheus. As a punishment, Zeus had him tied to a rock with unbreakable chains.

**19** 주어진 글 다음에 이어질 글의 순서로 가장 적절한 것은? [4점]

① (A) – (B) – (C)    ② (B) – (A) – (C)

③ (B) – (C) – (A)    ④ (C) – (A) – (B)

⑤ (C) – (B) – (A)

**서답형 5**

윗글의 밑줄 친 this가 의미하는 것을 〈조건〉에 맞게 쓰시오.

[5점]

──〈조건〉──

○ 본문에 있는 문장을 찾아 그대로 쓸 것

○ 10단어 이내로 쓸 것

➡ _____

# 학업성취도 평가 2회

선다형 1번~12번과 서답형 1번~2번 문제는 듣고 푸는 문제입니다. 녹음 내용을 잘 듣고 물음에 답을 하시기 바랍니다.

듣기평가

**1** 대화를 듣고, 남자가 이용할 교통수단으로 적절한 것을 고르시오. [4점]

①

②

③

④

⑤

**2** 대화를 듣고, 남자가 무엇 때문에 스트레스를 받는지 적절한 것을 고르시오. [4점]

① 교우 관계　　② 가족
③ 성적　　　　④ 외모
⑤ 진학

**3** 다음을 듣고, 설명하는 장소로 가장 적절한 곳을 고르시오. [4점]

① 공항　　　　② 식당
③ 야구장　　　④ 박물관
⑤ 공연장

**4** 대화를 듣고, 두 사람이 만나기로 한 시각을 고르시오. [4점]

① 1시　　　　② 2시
③ 3시　　　　④ 4시
⑤ 5시

코딩

**5** 대화를 듣고, 남자가 할 일을 순서대로 배열한 것을 고르시오. [4점]

(A) 　　(B) 　　(C)

① (A) – (C) – (B)
② (B) – (A) – (C)
③ (B) – (C) – (A)
④ (C) – (A) – (B)
⑤ (C) – (B) – (A)

**6** 다음을 듣고, 방송의 목적으로 가장 적절한 것을 고르시오. [4점]

① 동물원 이용 시간 안내
② 동물원에서 주의할 점 안내
③ 동물원 행사 안내
④ 동물원 공사 시간 공지
⑤ 주차장 이용 안내

**7** 다음을 듣고, 오늘의 날씨를 고르시오. [4점]

①
②
③
④
⑤

**8** 대화를 듣고, 남자의 심정으로 가장 적절한 것을 고르시오. [4점]

① upset          ② excited
③ worried        ④ happy
⑤ cheerful

**9** 대화를 듣고, 남자의 마지막 말에 이어질 여자의 응답으로 가장 적절한 것을 고르시오. [4점]

① No problem.
② I'm excited, too.
③ Okay. Thank you for your advice.
④ All right. I can't wait!
⑤ Okay, I'll take them.

**10** 대화를 듣고, 여자의 마지막 말에 이어질 남자의 응답으로 가장 적절한 것을 고르시오. [4점]

① I like soda better.
② I don't like pizza.
③ Sounds good.
④ Thank you so much.
⑤ Oh, I'm sorry. I didn't know that.

**11** 대화를 듣고, 남자가 받아야 할 거스름돈의 액수를 고르시오. [4점]

① 100원       ② 200원

③ 400원       ④ 600원

⑤ 800원

**[12, 서답형 1]**

12번과 서답형 1번은 같은 내용을 문항당 한 번씩 두 번 들려줍니다. 물음에 답하시오.

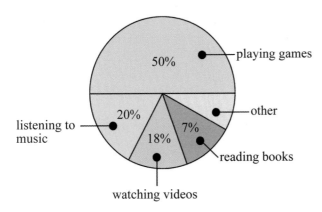

**12** 다음을 듣고, 도표의 제목으로 가장 적절한 것을 고르시오. [4점]

① Teens' Favorite Games
② Teens' Daily Schedule
③ Teens' Favorite Books
④ Causes of Teen Stress
⑤ Teens' Free Time Activities

**서답형 1** **신유형**

다음을 듣고, 빈칸에 적절한 말을 주어진 철자로 시작하여 한 단어로 쓰시오. [4점]

Fifty students said they play g_____ in their free time.

**서답형 2** **신경향**

대화를 듣고, 주어진 질문에 대한 응답이 되도록 빈칸에 가장 적절한 말을 쓰시오. [5점]

Question: How do the speakers go to the concert?

Answer: By _____.

**듣기평가 문제종료** 이제 듣기 문제가 끝났습니다.
다음 문제부터는 읽고 푸는 문제입니다.

**13** 다음 글을 읽고, 알 수 <u>없는</u> 것은? [4점]

This painting is called "The Starry Night." It was painted by a great artist. His name was Vincent van Gogh. He was a Dutch artist, who used unique lines and colors in his paintings. The painting shows the night sky, which had some curving lines. The lines seem to be moving fast. You may feel dizzy when you look at it.

① 그림의 제목
② 화가의 이름과 국적
③ 화가의 화풍
④ 그림의 소재
⑤ 그림이 전시되어 있는 곳

**14** 다음 글의 요지로 가장 적절한 것은? [4점]

Very few people in the world have a "natural talent" for success. The ability to make a good achievement usually comes only after years of hard work and many failures. If you listen to the success stories of top singers, you will learn that most of them were very nervous for their first performance. These people try to get over their fears by just doing what they need to do.

① 자연을 사랑하라.
② 기회를 놓치지 마라.
③ 천부적인 재능을 잘 활용하라.
④ 열심히 일하고 실패를 극복하도록 노력하라.
⑤ 좋은 인상을 주도록 노력하라.

**15** 다음 글의 빈칸에 가장 적절한 것은? [4점]

The ancestors of the elephant are known as mammoths. Their skeletons can be seen in museums. After the last Ice Age, the climate got warmer, causing habitats to change rapidly. Woolly mammoths and many other species couldn't find enough food, and so _____. Now only two species remain, the African elephant and the Asian elephant.

① they died out
② it became warmer
③ they became bigger
④ the Ice Age ended
⑤ they became elephants

융합

**16** 다음 글의 밑줄 친 직업으로 가장 적절한 것은? [4점]

Suppose you are making a movie. The story is about something that happened in your village 200 years ago. Would you just set up the camera on the street and start filming? Of course not. Things have changed a lot in the last 200 years. The street probably looked very different then. So, you need some people who have a special job. They make a movie look real for when it takes place.

① 영화 배우
② 세트 제작자
③ 의상 담당자
④ 광고 담당자
⑤ 음향 담당자

**17** 다음 글의 주제로 가장 적절한 것은? [4점]

British people traditionally have enjoyed afternoon tea around 4 o'clock. This is actually a small meal, not simply a drink. It consists of tea with sandwiches, scones, and cakes. It began to become popular about 150 years ago, when rich ladies invited their friends to their houses for an afternoon cup of tea. They offered their visitors sandwiches and cakes, too. Soon everyone enjoyed afternoon tea.

① 영국 다과회의 유래
② 영국인의 차 문화
③ 영국 다과회의 예절
④ 150년 전, 영국 귀부인의 생활상
⑤ 차와 잘 어울리는 음식

**18** 주어진 문장이 들어가기에 가장 적절한 곳은? [4점]

But people have always wanted to measure time more accurately.

Sometimes we say that time goes too slowly. ( ① ) At other times we say it flies like an arrow. ( ② ) How do we know how much time has actually passed? ( ③ ) The easiest way to tell the time is to watch the sun as it rises in the morning and sets in the evening. ( ④ ) This led to the invention of the sundial. ( ⑤ )

서답형 **3** 신유형

다음 글을 읽고, 가장 적절한 두 단어를 본문에서 찾아 질문에 대한 응답을 완성하시오. [5점]

Animals get their warmth and energy from food. Some animals cannot find enough food in winter. So, they have to sleep for the whole winter. Those animals must eat large amounts of food in fall. Their bodies store this food as fat. Then in winter, they go to sleep. Their bodies live on the stored fat. Since their bodies need much less food while sleeping, they can stay alive without eating any food during the winter.

Question: What is the main idea of this passage?
Answer: The animals that sleep for the whole winter have to eat _____ _____ in fall.

**[19, 서답형 4 ]**

다음 글을 읽고, 물음에 답하시오.

Bike sharing is one way to create a more eco-friendly society. It is now popular in hundreds of cities around the world. One of the most successful programs is in Paris, and there are three reasons for its success. First, the city planned its program carefully. The city leaders placed bikes conveniently at bus stops and subway stations. Second, the city leaders made the service cheap. Third, the city presented the program as modern and fashionable. Bikes were presented as a new and cool way to travel around the city.

**19** 윗글의 제목으로 가장 적절한 것은? [4점]

① Eco-Friendly Bike Sharing
② Why Bike Sharing Is Popular in Cities
③ Models of Bike Sharing Programs
④ Bike Sharing – A Successful Model
⑤ Paris Bike Sharing – Problems to Solve

**서답형 4 신유형**

윗글의 내용과 일치하도록 〈조건〉에 맞게 빈칸에 적절한 말을 쓰시오. [5점]

──── 〈조건〉 ────
○ 본문에서 찾아 두 단어로 쓸 것
○ 단어의 형태를 변형하지 말 것

The Paris bike sharing program is a good model for planning _____ _____ programs around the world.

**서답형 5 창의**

다음 글을 읽고, 〈조건〉에 맞게 빈칸에 적절한 말을 쓰시오.

[5점]

──── 〈조건〉 ────
○ 글의 상황에 맞게 'felt'라는 단어를 포함하여 문장을 완성할 것
○ 3~4개의 단어로 문장을 완성할 것

I visited my grandparents with my brother. They grow apples in Andong. We got to their farm early in the morning and helped them pick apples. Picking apples was hard work, but _____.

# 학업성취도 평가 3회

선다형 1번~12번과 서답형 1번~2번 문제는 듣고 푸는 문제입니다. 녹음 내용을 잘 듣고 물음에 답을 하시기 바랍니다.

듣기평가

**1** 대화를 듣고, 그림에서 Nancy를 고르시오. [4점]

**2** 대화를 듣고, 남자가 원하는 옷을 고르시오. [4점]

 ① ABC

② ABC

 ③

④

⑤  ABC

**3** 대화를 듣고, 남자가 대화를 통해 새롭게 알게 된 사실로 가장 적절한 것을 고르시오. [4점]

① 연은 몽골에서 기원했다.
② 남자가 멋진 연을 만들었다.
③ 일본인들은 연을 즐겨 날린다.
④ 여자의 취미는 연날리기이다.
⑤ 2천여 년 전에 중국인들이 연을 날렸다고 추정된다.

**4** 대화를 듣고, 대화가 이루어지는 장소를 고르시오.

[4점]

① In a taxi
② In a plane
③ At the park
④ At the airport
⑤ On the street

**5** 대화를 듣고, 여자의 기분으로 가장 적절한 것을 고르시오. [4점]

① angry
② excited
③ nervous
④ worried
⑤ pleased

**6** 대화를 듣고, 여자의 마지막 말에 대한 남자의 응답으로 가장 적절한 것을 고르시오. [4점]

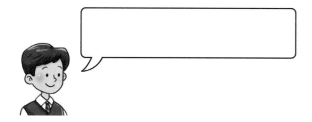

① That's not true.

② I'm proud of you.

③ You must be happy.

④ Sorry to hear that.

⑤ It is the most exciting news.

신유형

**7** 다음을 듣고, 남자가 한 일을 순서대로 배열한 것을 고르시오. [4점]

(A)                (B)                (C)

① (A) – (C) – (B)

② (B) – (A) – (C)

③ (B) – (C) – (A)

④ (C) – (A) – (B)

⑤ (C) – (B) – (A)

**8** 대화를 듣고, 남자가 제안을 거절하는 이유로 가장 적절한 것을 고르시오. [4점]

① 용돈이 모자라서

② 방문할 곳이 있어서

③ 도서관에 가야 해서

④ 콘서트 표가 없어서

⑤ 저녁에 공부를 해야 해서

융합

**9** 다음을 듣고, 무엇에 관한 내용인지 고르시오. [4점]

① 숙면하는 방법

② 감기를 예방하는 방법

③ 춘곤증을 극복하는 방법

④ 운동 효과를 높이는 방법

⑤ 균형 잡힌 식단을 유지하는 방법

신유형

**10** 대화를 듣고, 그림과 일치하도록 여자의 마지막 말에 이어질 남자의 응답으로 가장 적절한 것을 고르시오.

[4점]

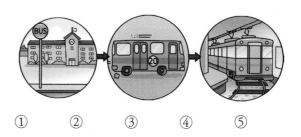

① ② ③ ④ ⑤

11 대화를 듣고, 메뉴판을 참고하여 주어진 질문에 대한 응답으로 가장 적절한 것을 고르시오. [4점]

Question: What will the woman have?

Answer: _____

Tomato Pasta

Potato Pizza

lunch hours only

Cream Pasta

Double Cheeseburger

① She'll have a tomato pasta.

② She'll have a cream pasta.

③ She'll have a potato pizza.

④ She'll have a double cheeseburger.

⑤ She'll have a tomato salad.

[12, 서답형 1 ]

12번과 서답형 1번은 같은 내용을 문항당 한 번씩 두 번 들려줍니다. 물음에 답하시오.

**Global Music Festival**
• July 5, 2 p.m.~10 p.m.
• 10 bands from 7 ___(A)___ will play.
*Check out the food trucks, too!*

12 다음을 듣고, 위에 제시된 포스터의 (A)에 들어갈 내용으로 가장 적절한 것을 고르시오. [4점]

① parks      ② countries

③ stages      ④ festivals

⑤ food trucks

서답형 1

다음을 듣고, 질문에 대한 답이 되도록 빈칸에 적절한 말을 주어진 철자로 시작하여 한 단어로 쓰시오. [4점]

Question: According to the speaker, what can we do at the festival?

Answer: We can enjoy f_____ as well as music from different countries.

**서답형 2**

대화를 듣고, 빈칸에 적절한 말을 주어진 철자로 시작하여 한 단어로 쓰시오. [5점]

**Computer Lab Use Form**

- Name: Tina Ross, Brad Taylor
- Date: September 5
- Class: 3-5
- Purpose: To s_____ the Internet for information for report.

**듣기평가 문제종료**　이제 듣기 문제가 끝났습니다.
다음 문제부터는 읽고 푸는 문제입니다.

**13** 다음 글의 흐름으로 보아 전체 내용과 관계 없는 문장은?

[4점]

Most animals have bones, but the jellyfish doesn't have any bones at all. ① This sea animal looks like a blob of jelly. ② Some jellyfish look yellow, pink, or blue. ③ Jelly is a soft, colored sweet food made from sugar. ④ A kind of jellyfish looks like an open umbrella with long strings. ⑤ The jellyfish uses them to sting small sea animals.

*blob 덩어리

**융합**

**14** 다음 글의 내용과 일치하지 않는 것은? [4점]

The lightning rod was invented by Benjamin Franklin. He was born in 1706. He was a scientist and politician who played an important part in founding the United States. He tried to fly a kite during a thunderstorm in order to discover the nature of lightning. Franklin noticed sparks jumping from a key tied to the end of the wet string. This could very easily have killed him, but luckily, it did not. He went on to invent the lightning rod.

① 피뢰침을 발명했다.
② 1706년에 태어났다.
③ 미국의 건국에 중요한 역할을 했다.
④ 번개의 성질을 연구하기 위해 연을 날렸다.
⑤ 실험 중 사고로 사망하였다.

융합

**15** 다음 시의 빈칸에 공통으로 알맞은 것은? [4점]

> Happy _____
>
> It's late and we are sleepy,
> The air is cold and still.
> Our jack-o-lantern grins at us
> Upon the window sill.
> We're stuffed with cake and candy
> And we've had a lot of fun,
> But now it's time to go to bed
> And dream of all we've done.
> We'll dream of ghosts and goblins
> And of witches that we've seen,
> And we'll dream of trick-or-treating
> On this happy _____.
>
> *jack-o-lantern 호박등  *window sill 창틀

① Halloween
② Valentine's Day
③ Mother's Day
④ New Year's Day
⑤ Christmas Day

융합

**16** 댓글을 쓴 다섯 사람 중 Ted의 의견에 동의하는 사람을 <u>모두</u> 고른 것은? [4점]

 I think we need to install security cameras at school. What do you think?
Ted

 Kate
Schools need to provide a safe environment for students.

 Mike
I think they're necessary to prevent bullying.

 Paul
I believe they can cause an uncomfortable atmosphere.

 Tim
With security cameras, we can deal with emergency situations better.

Amy
Students might feel that their privacy is not respected.

① Kate, Paul
② Paul, Amy
③ Kate, Mike, Tim
④ Kate, Paul, Tim
⑤ Mike, Tim, Amy

**17** 다음 글의 주제로 가장 적절한 것은? [4점]

Do you know any plants that eat insects? The Venus Flytrap is one of them. The leaves of the Venus Flytrap are wide and they have some sensitive hairs. When an insect touches these hairs, the Venus Flytrap catches it and closes the leaves quickly. The leaves stay closed for about one week. During that time, special juices from the plant help it digest the insect.

\* Venus Flytrap 파리지옥풀

① 식충 식물들의 공통점
② 식충 식물의 번식 방법
③ 파리지옥풀의 서식지
④ 식충 식물과 동물의 차이점
⑤ 파리지옥풀의 곤충 사냥법

**18** 다음 대화에서 밑줄 친 말의 의미로 가장 적절한 것은? [4점]

A: May I help you?
B: I hope so. My son watches too much TV. He's a real couch potato. When he doesn't watch TV, he plays computer games. I think he needs to play a sport.
A: Well, what sports does he like?
B: All sports. He loves watching sports on TV: baseball, basketball, soccer and even golf.
A: I think you should buy him a basketball or soccer ball. Then maybe he will go outside and play.

① 책을 많이 읽는 사람
② 사교성이 부족한 사람
③ 운동을 싫어하는 사람
④ 감자를 매우 좋아하는 사람
⑤ 움직이지 않고 TV만 보는 사람

[19, 서답형 **3** ]

다음 글을 읽고, 물음에 답하시오.

---

Staying at Antarctic Jang Bogo Station for a long time is great but not easy. We must follow the rules below.

*Do not leave anything._* We recycle most trash and keep it for months. Once a year a ship takes it to Korea.

*Have fun._* People here can have a lot of stress. So we do fun things like playing table tennis, watching movies, etc.

*Stay healthy._* There is no hospital nearby. So we  take care of our own health. Luckily, we do not worry about colds because viruses cannot live here.

*Do not stay outside long._* It is really cold outside the station. There is often a very strong wind. We try to finish within 30 minutes when we have to work outside.

---

**19** 윗글의 내용을 바르게 이해하지 <u>못한</u> 학생은? [4점]

① 재연: 기지에서 나오는 쓰레기는 대부분 한국으로 보내지는구나.

② 준호: 기지에서 스트레스를 받을 수 있어서 여러 가지 재미있는 활동을 한대.

③ 나라: 기지의 사람들은 감기에 걸리면 가까운 병원에서 치료를 받는구나.

④ 시은: 남극은 매우 춥고, 강한 바람이 자주 부는구나.

⑤ 혜진: 기지의 사람들은 밖에서 일할 때 30분 안에 작업을 마친대.

---

서답형 **3** 신유형

다음은 남극의 장보고 기지에 관한 질문과 답변이다. 윗글의 내용과 일치하도록 〈조건〉에 맞게 빈칸을 채워 문장을 완성하시오. [5점]

─── 〈조건〉 ───
○ 주어진 5개의 단어 중 3개만 사용할 것
○ 선택한 3개의 단어를 바르게 배열할 것
○ 단어의 형태를 변형하지 말 것

---

Q: Hi, I want to visit Jang Bogo Station someday. Should I bring some medicine for a cold?

└ A: Well, I don't think you have to. We usually
_____ because
(catch, live, colds, don't, play)
viruses cannot survive here.

---

**서답형 4** 신경향

다음 기사의 내용과 일치하도록 빈칸에 적절한 한 단어를 본문에서 찾아 두 사람의 대화를 완성하시오. [5점]

---

**How to Read Effectively**

Here is a tip that might help you when you need to find specific information from a text. Instead of reading every word, quickly scan the text for keywords related to the information you are looking for. This should help you find what's most important to you. In other words, don't read the text word for word. Just look for the keywords and ignore everything else.

---

Matt: I have to read all these books for the test next week.

Cathy: Really? You might get some tips for effective reading from this article.

Matt: Good. What does it say?

Cathy: It says you can try to find the _____ instead of reading every word in the text.

---

**서답형 5**

다음은 민정이의 일기이다. 〈조건〉에 맞게 빈칸에 적절한 말을 써서 문장을 완성하시오. [5점]

---
〈조건〉
○ 그림의 상황에 맞게 'some trash'라는 단어를 포함하여 문장을 완성할 것
○ 4~5개의 단어로 문장을 완성할 것
---

This morning, I went to the park to take a walk. At the entrance, I saw some people cleaning the park, and I wanted to help them. So, while taking a walk, _____.

# 정답과 해설 ➤➤➤➤

1-2 (1) ⓑ (2) ⓐ

2-2 ③

3-2 love, hate, continue

**1-1 해석|** (1) 나는 걷기 위해 공원에 간다.

(2) 물을 마시는 것은 중요하다.

(3) 그녀는 간식 먹는 것을 즐긴다.

**1-2 해석|** (1) 나의 꿈은 배우가 되는 것이다.

(2) 수영은 건강에 좋다.

**해설|** (1) '~하는 것(이다)'이라는 의미로 보어 역할을 하는 동명사이다.

(2) '~하는 것'이라는 의미로 주어 역할을 하는 동명사이다.

**2-1 해석|** 그가 수영을 하는 것은 매우 쉽다.

**2-2 해석|** ① 내가 영어를 공부하는 것은 어렵다.

② 네가 그렇게 생각하는 것은 멋지다.

③ 내가 내 친구와 노는 것은 재미있다.

**해설|** 사람의 성품이나 태도를 나타내는 형용사가 쓰일 때는 to부정사의 의미상 주어를 「of+목적격」으로 쓰지만, 일반적으로는 「for+목적격」으로 쓴다. ③ of → for

**3-1 해석|** 내가 네 비밀을 지킬 것을 약속할게.

**3-2 해설|** love, hate, continue는 to부정사와 동명사를 둘 다 목적어로 취한다. want는 to부정사만을, enjoy와 give up은 동명사만을 목적어로 취한다.

4-2 (1) to finish (2) running

5-2 seem to

6-2 go → going

**4-2 해설|** (1) 「try+to부정사」는 '~을 하려고 노력하다'라는 의미이다.

(2) '(과거에) ~한 것을 후회하다'는 「regret+동명사」를 써서 표현한다.

**5-2 해석|** 그것들은 지루해 보인다.

**해설|** 「It seems that+주어+동사」는 '~해 보이다'라는 의미로, 「seem+to부정사」로 바꿔 쓸 수 있다.

**6-1 해석|** 그 해변은 방문할 가치가 있다.

**6-2 해석|** Ann은 이번 여름에 콘서트에 가는 것을 고대하고 있다.

**해설|** 「look forward to -ing」는 '~하기를 고대하다'라는 뜻이다.

1-1 ②, ⑤          1-2 ④

2-1 (1) of (2) for          2-2 ①

3-1 to practice          3-2 ③

4-1 ②          4-2 to fix

5-1 ④          5-2 ③

6-1 kept me from visiting          6-2 ②

**1-1 해석|** 그림을 그리는 것은 정말 재미있다.

**해설|** 명사 역할을 하는 주어 자리에는 to부정사와 동명사가 둘 다 올 수 있다.

**1-2 해석|** ① 선생님은 날 도와줄 것을 약속했다.

② 너와 테니스 치는 것은 재미있다.

③ 그들의 계획은 지금 바로 떠나는 것이다.

④ 그녀는 마실 것이 필요하다.

⑤ 나는 사과를 먹고 싶다.

**해설|** ④는 to부정사가 앞에 쓰인 대명사 something을 수식하는 형용사적 용법이고, 나머지는 목적어(①,⑤), 주어(②), 보어(③) 역할을 하는 명사적 용법의 to부정사이다.

**2-1 해석|** (1) 그가 늦다니 어리석었다.

(2) 우리가 유명해지니 좋다.

**해설|** (1) 사람의 성품이나 태도를 나타내는 형용사가 쓰였으므로 to부정사의 의미상 주어를 「of+목적격」으로 쓰지만, (2) 일반적으로는 「for+목적격」으로 쓴다.

**2-2 해석|** ① 당신이 그렇게 말씀해 주시다니 친절하시군요.

② 내가 영화를 보는 것은 흥미진진하다.

③ 우리가 함께 노는 것은 재미있다.

④ 네가 열심히 공부하는 것은 좋다.

⑤ 그녀가 요리하는 것은 쉽다.

**해설|** ①의 kind는 사람의 성품이나 태도를 나타내는 형용사이므로 to부정사의 의미상 주어로 목적격 앞에 of를 쓴다.

**3-1 해석|** 나는 기타 연습을 시작한다.

**해설|** 목적어 역할을 하는 동명사는 to부정사로 바꿔 쓸 수 있다. begin은 동명사와 to부정사를 둘 다 목적어로 취한다.

**3-2 해석|** 그 소년은 소설 쓰는 것을 _____.

① 끝냈다 ② 시작했다 ③ 결심한다 ④ 좋아한다 ⑤ 계속한다

**해설|** 목적어로 동명사가 쓰였으므로 to부정사만을 목적어로 취하는 decide는 빈칸에 쓸 수 없다. finish는 동명사만을, start, like, continue는 to부정사와 동명사를 둘 다 목적어로 취한다.

**4-1 해석|** • 나는 그를 한 번 만난 것을 기억했다.

• 나중에 문을 잠그는 것을 잊지 마.

**해설|** 첫 번째 문장은 과거에 그를 만난 것을 기억한다는 의미이므로 meeting이 알맞다. 두 번째 문장은 미래에 문을 잠그는 것을 잊지 말라는 의미이므로 to lock이 알맞다.

**4-2 해설|** 「try+to부정사」는 '~하려고 노력하다, 애쓰다'라는 의미이고 「try+동명사」는 '(시험 삼아) 한번 해보다'라는 의미이므로, to fix가 알맞다.

**5-1 해석|** 우리 아빠는 진실을 아는 것 같다.

**해설|** 「seem+to부정사」는 '~해 보이다, ~인[하는] 것 같다'라는 의미이므로 빈칸에는 to know가 알맞다.

**5-2 해석|** ① 그는 너무 긴장해서 어떤 것도 먹을 수 없었다.

② 그 아기는 혼자 앉을 만큼 충분히 나이가 많지 않다.

③ 그녀는 점점 좋아지고 있는 것 같다.

④ 그 카레는 너무 매워서 먹을 수 없었다.

⑤ 나는 도둑을 잡을 만큼 충분히 빨리 뛰었다.

**해설|** ③ 빈칸 뒤에는 「주어+동사」가 이어지므로 빈칸에는 that이 알맞다.

**6-1 해설|** 「keep+A+from -ing」는 'A가 ~하는 것을 막다'라는 의미이므로 kept me from visiting이 알맞다.

**6-2 해석|** ① 그녀는 혼자 밥 먹는 것에 익숙하다.

② 그 아이는 그 가방을 옮길 만큼 충분히 힘이 세다.

③ 그 소년은 웃지 않을 수 없었다.

④ 그는 숙제를 하고 싶지 않다.

⑤ 그녀는 깨어 있는 것에 어려움을 겪었다.

**해설|** ②「형용사/부사+enough+to부정사」는 '…할 만큼 충분히 ~한/하게'의 의미이므로 carrying은 to carry가 되어야 한다.

---

1-2 Have, played      2-2 ③

3-2 have

**1-1 해석|** 나는 작년에 박물관을 방문했다.

**1-2 해설|** '너는 배드민턴 경기를 해 본 적이 있니?'는 과거부터 현재까지의 경험을 묻는 말이므로 현재완료 경험 용법으로 쓴다. 현재완료의 의문문은 「Have[Has]+주어(+ever)+과거분사 ~?」의 형태로 쓴다.

**2-1 해석|** Mike는 2년 동안 제주도에서 살고 있다.

**2-2 해설|** 2016년에 일을 시작해서 여전히 일하고 있는 상황이므로 현재완료 계속 용법으로 표현할 수 있다. 2016년이라는 동작이나 상태가 시작된 시점이 나왔으므로 '~한 이후에'라는 의미를 나타내는 전치사 since를 쓴다.

**3-1 해석|** • 소년은 이미 게임을 시작했다.

• 그녀는 캐나다에 가 본 적이 없다.

**3-2 해석|** • Jenny와 Tom은 그들의 집으로 가버렸다.

• 나는 2년 동안 이 필통을 사용하고 있다.

**해설|** 첫 번째 문장은 주어가 3인칭 복수이고, 두 번째 문장은 주어가 1인칭 단수이며, 두 문장 모두 현재완료 시제이므로 「have+과거분사」로 써야 한다. 따라서 빈칸에는 have가 알맞다.

---

| | | | |
|---|---|---|---|
| 1-1 ④ | 1-2 ③ | 2-1 ② | 2-2 ⑤ |

3-1 have studied      3-2 ②

4-1 ③

4-2 I have never seen a shooting star.

5-1 ③      5-2 ④

6-1 has been, for

6-2 He has already cleaned his room.

**1-1** **해석|** 나는 2020년 이후로 피아노 수업을 받고 있다.

**해설|** 주어가 1인칭 단수인 현재완료 시제이므로 「have+과거분사」의 형태로 쓴다. 빈칸에는 take의 과거분사형인 taken이 들어가야 한다.

**1-2** **해석|** 너는 전에 야구를 해 본 적이 있다.

③ 너는 전에 야구를 해 본 적이 있니?

**해설|** 현재완료 용법 중 과거부터 현재까지 경험한 일을 나타내는 경험 용법이다. 현재완료의 의문문은 「Have〔Has〕+주어(+ever)+과거분사 ~?」의 형태로 쓴다.

**2-1** **해석|** ① 나는 이탈리아에 가 본 적이 없다.

② 우리는 5년 동안 골프를 치고 있다.

③ Jamie는 그 영화를 세 번 보았다.

④ 그는 전에 그녀를 만난 적이 있다.

⑤ 그들은 비행기에 타 본 적이 있다.

**해설|** ②의 「for+기간」은 과거에 시작된 일이 현재까지 지속되는 것을 나타내므로 현재완료의 계속 용법이다. 나머지는 모두 현재완료 경험 용법이다.

**2-2** **해석|** 〈보기〉 그녀는 막 샌드위치를 먹었다.

① 그녀는 쇼핑하러 가버렸다.

② 나는 전에 혼자 여행해 본 적이 있다.

③ 그는 다리가 부러졌다.

④ 우리는 5년 동안 서울에서 살고 있다.

⑤ 그 비행기는 이미 도착했다.

**해설|** 〈보기〉와 같이 현재완료 완료 용법으로 쓰인 것은 ⑤이다. ①, ③은 결과 용법, ②는 경험 용법, ④는 계속 용법이다.

**3-1** **해석|** 나는 2018년에 중국어를 공부하기 시작했다. 나는 지금 여전히 중국어를 공부한다.

→ 나는 2018년 이후로 중국어를 공부하고 있다.

**해설|** 2018년에 중국어를 공부하기 시작했고, 현재에도 공부하는 상태이므로 현재완료 시제로 표현한다. 현재완료는 「have+과거분사」의 형태이므로 빈칸에는 have studied가 들어가야 한다.

**3-2** **해석|** 그는 지갑을 잃어버려서 새것을 하나 살 것이다.

**해설|** 주어가 3인칭 단수인 현재완료 시제이므로 「has+과거분사」의 형태로 쓴다. 빈칸에는 lose의 과거분사형인 lost가 들어가야 한다.

**4-1** **해석|** ① 그 수업은 아직 시작하지 않았다.

② 우리는 2년 동안 학교에서 일하고 있다.

④ 나는 그 소식을 들은 적이 없다.

⑤ 그녀는 이미 저녁을 먹었다.

**해설|** ③ yesterday(어제)와 같이 과거의 특정 시점을 나타내는 부사는 현재완료 시제와 함께 쓸 수 없다.

**4-2** **해석|** 나는 별똥별을 본 적이 없다.

**해설|** 현재완료 시제이므로 have 뒤에는 see의 과거분사형 seen을 써야 한다.

**5-1** **해석|** A: 너 파리에 가 본 적 있니?

B: 응, 그래. 나는 그곳에 한 번 가 봤어.

**해설|** 파리에 가 보았느냐는 A의 질문에 B가 한 번 가 봤다고 말했으므로 빈칸에는 긍정으로 대답해야 한다. 현재완료로 물었으므로 Yes, I have.라고 대답한다.

**5-2** **해석|** 그는 서울을 떠나서 지금 그곳에 없다.

④ 그는 서울을 떠나버렸다.

**해설|** 주어진 문장은 '그가 서울을 떠나서 지금 그곳에 없다.'라는 의미이므로 과거의 일이 현재까지 영향을 미치는 현재완료 결과 용법으로 써야 한다. 주어가 3인칭 단수이므로 「has+과거분사」가 쓰인 ④가 답이 된다.

**6-1** **해석|** John은 5시에 영화관에 있었다. 지금은 7시이고 그는 여전히 영화관에 있다.

→ John은 2시간 동안 영화관에 있다.

**해설|** John이 영화관에 5시부터 7시까지 2시간 동안 있는 상황이므로 전치사 for와 현재완료를 써서 표현한다.

**6-2** **해설|** 현재완료 용법 중 완료에 주로 쓰이는 표현인 already는 '이미'라는 의미를 가지는데, 주로 have〔has〕와 과거분사 사이에 쓴다. 따라서 has와 과거분사 cleaned 사이에 already를 쓴다.

---

**p. 15** **개념 확인**

1-2 which    2-2 which〔that〕
3-2 ③

**1-1** **해석|** 나는 나보다 키가 큰 몇 명의 친구들이 있다.

**1-2** **해석|** 내 앞에 있는 고양이는 긴 꼬리를 가지고 있다.

**해설|** 빈칸 앞에 있는 선행사 The cat이 동물이고, 빈칸 뒤에 주어가 없으므로 빈칸에는 주격 관계대명사 which 또는 that을 써서 연결해야 한다.

**2-1** 해석 | 내가 좋아하는 소년이 개와 산책하는 중이다.

**2-2** 해석 | 나는 가방을 가져왔다. 그녀가 나를 위해서 그 가방을 만들어 주었다.

→ 나는 그녀가 나를 위해 만들어 준 가방을 가져왔다.

해설 | 두 문장에서 목적어 the bag이 반복되고 있으므로, 뒤 문장의 the bag을 목적격 관계대명사로 바꾸어 한 문장으로 연결한다. 이때, bag은 사물이므로 관계대명사 which나 that을 쓴다.

**3-1** 해석 | 내가 산 것은 초록색 펜이다.

**3-2** 해석 | 나는 오늘 아침에 내가 만든 것을 먹을 것이다.

해설 | 빈칸 앞에 선행사가 없으므로, 선행사를 포함하는 관계대명사 what을 써야 한다.

---

**pp. 16~19**         **교과서 체크**

1-1 ②     1-2 ①     2-1 ④     2-2 ④

3-1 what you brought     3-2 that → what

4-1 ③     4-2 which(that) is

5-1 ⑤     5-2 ③, ⑤

6-1 Sue thought about what her mother gave to her.

6-2 ②

7-1 ②     7-2 ④

8-1 ③, ④     8-2 which, that

9-1 I couldn't understand what she said.

9-2 which → what     10-1 ①, ②     10-2 ③

11-1 ⑤     11-2 ④     12-1 What     12-2 What

---

**1-1** 해석 | 당신은 아름다운 모자를 쓴 여자를 본 적 있나요?

해설 | 선행사가 the woman으로 사람이고 빈칸 이하의 절에 주어가 없으므로 빈칸에는 주격 관계대명사 who나 that이 와야 한다.

**1-2** 해석 | ① 그는 큰 주머니가 있는 가방을 빌렸다.

② 내가 좋아하는 빵집은 모퉁이에 있다.

③ 나는 엄마가 만들어 주신 빵을 먹었다.

④ 내가 어제 읽은 책은 재미있었다.

⑤ 내가 버스에서 만났던 남자는 나의 삼촌이다.

해설 | ①은 that 이하의 절에 주어가 없으므로 that은 주격 관계대명사이다. 나머지는 모두 that 이하의 절에 목적어가 없으므로 that은 목적격 관계대명사이다.

**2-1** 해석 | 내가 가장 사랑하는 나의 개는 큰 눈을 가지고 있다.

해설 | 선행사(My dog)가 동물이므로 관계대명사는 which나 that을 쓴다.

**2-2** 해석 | 그녀는 Tom이 그녀에게 준 블라우스를 입고 있다.

해설 | 목적격 관계대명사 which가 관계사절의 목적어 역할을 하고 있으므로 ④는 빼야 한다.

**3-1** 해석 | 네가 타이완에서 가져온 것을 나에게 보여줘.

해설 | Show의 목적어 자리에 절이 왔고 선행사가 없으므로, that을 선행사를 포함하는 관계대명사 what으로 바꿔야 한다.

**3-2** 해석 | 이것이 내가 사고 싶은 것이다.

해설 | 선행사가 없으므로 that은 선행사를 포함하는 관계대명사 what이 되어야 한다.

**4-1** 해석 | 그는 다양한 책을 파는 서점을 안다.

해설 | 관계사절에 주어가 없으며 선행사 a bookstore가 사물이고 단수이므로, 빈칸에는 주격 관계대명사가 오는 which is 또는 that is가 알맞다.

**4-2** 해설 | 빈칸 뒤에 주어가 없으며 선행사 the bag이 사물이고 단수이므로 which(that) is가 알맞다.

**5-1** 해석 | ① 나는 네가 사랑하는 여자를 안다.

② 내가 파티에서 본 소녀가 있다.

③ 나는 어제 만났던 남자를 도왔다.

④ 그녀는 모두가 아는 변호사이다.

⑤ Chris는 독서를 좋아하는 학생이다.

해설 | ⑤ 선행사가 사람이고 밑줄 친 whom 뒤에 동사가 이어지고 있으므로 whom 대신 주격 관계대명사 who 또는 that이 와야 한다.

**5-2** 해석 | ① 저쪽에 있는 남자는 나의 아버지이다.

② 그녀는 대회에서 우승한 남자를 안다.

③ 이것은 그녀가 지난주 일요일에 산 가방이다.

④ 나는 수학 선생님인 삼촌이 있다.

⑤ 그는 많은 사람들이 존경하는 위대한 과학자이다.

해설 | ③, ⑤는 목적격 관계대명사로 생략이 가능하고, 나머지는 모두 주격 관계대명사로 생략이 불가능하다.

**6-1** 해석 | Sue는 그 물건에 대해 생각했다. 그녀의 어머니가 그녀에게 그것을 주었다.

→ Sue는 그녀의 어머니가 그녀에게 준 것에 대해 생각했다.

해설 | 두 문장을 연결하면 Sue thought about the thing

which[that] her mother gave to her.인데, the thing which[that]은 '~하는 것'이라는 의미의 선행사를 포함하는 관계대명사 what으로 바꿔 쓸 수 있다.

**6-2 해석|** • 그가 말하는 것은 일반적으로 사실이다.
• 나는 어제 그녀가 만든 것을 원한다.
**해설|** 빈칸을 포함하는 두 절 모두 선행사가 없고 각각 주어와 목적어로 쓰여야 하므로 빈칸에는 '~하는 것'이라는 의미의 선행사를 포함하는 관계대명사 What[what]이 알맞다.

**7-1 해석|** 〈보기〉 서울을 흐르는 강은 한강이다.
① 나는 저쪽에 서 있는 여자아이를 안다.
② 그는 잃어버렸던 지갑을 찾았다.
③ 그녀는 바이올린 연주를 잘하는 여동생이 있다.
④ 무대에서 춤추고 있는 남자를 봐라.
⑤ 안경을 쓰고 있는 남자아이는 Sam이다.
**해설|** 〈보기〉의 that은 주격 관계대명사이다. ①, ③, ④, ⑤의 that은 주격 관계대명사이고, ②는 목적격 관계대명사이다. 목적격 관계대명사 뒤에는 주어가 이어진다.

**7-2 해석|** ① 나는 파란색 눈을 가진 소년을 안다.
② 저울은 무게를 측정하는 장치이다.
③ 나는 태국에서 온 친구가 한 명 있다.
④ Sally가 좋아하는 남자는 모자를 쓰고 있다.
⑤ 테니스를 치고 있는 여자아이는 내 친구이다.
**해설|** ①, ②, ③, ⑤는 주격 관계대명사이고, ④는 목적격 관계대명사이다.

**8-1 해석|** 나는 엄마가 만들어 주신 피자를 먹고 있다.
**해설|** 빈칸이 이끄는 절에 목적어가 없으므로 빈칸에는 목적격 관계대명사가 들어가야 하는데 선행사가 사물이므로 which 또는 that이 알맞다.

**8-2 해석|** 그는 도서관에서 빌렸던 책을 반납했다.
**해설|** 목적격 관계대명사가 들어가야 하는데 선행사가 사물이므로 which 또는 that을 쓸 수 있다.

**9-1 해설|** 관계대명사 what이 이끄는 절이 understand의 목적어 역할을 하도록 문장을 완성한다.

**9-2 해설|** '~하는 것'이라는 의미로 of의 목적어 역할을 하는 절을 이끄는 관계대명사로 which 대신 what을 써야 한다.

**10-1 해석|** 옆집에 사는 남자는 경찰관이다.
**해설|** 선행사가 사람이고 빈칸 이하의 절에 주어가 없으므로 빈칸에는 주격 관계대명사 who나 that이 알맞다.

**10-2 해석|** • 나는 의사가 되고 싶어 하는 딸이 있다.
• 나의 엄마는 맛있는 수프를 만드셨다.
**해설|** 첫 번째 문장은 선행사가 사람이고 빈칸 이하의 절에 주어가 없으므로 주격 관계대명사 who나 that이 올 수 있고, 두 번째 문장은 선행사가 사물이고 빈칸 이하의 절에 주어가 없으므로 주격 관계대명사 which나 that이 올 수 있으므로 공통으로 알맞은 것은 that이다.

**11-1 해석|** ① 이것은 나의 아버지가 지난달에 산 자동차이다.
② 내가 먹은 스파게티는 너무 짰다.
③ 그것은 그가 전에 잃어버린 시계이다.
④ 침대 위에 있는 바지는 나의 것이다.
⑤ 그녀는 내가 공원에서 만났던 여자이다.
**해설|** ⑤ 선행사가 사람이고 빈칸 이하에 목적어가 없으므로 빈칸에는 목적격 관계대명사 who(m) 또는 that이 들어가야 한다. 나머지는 모두 선행사가 사물이므로 관계대명사 which가 들어갈 수 있다.

**11-2 해석|** ① 식탁 위에 있는 피자는 식었다.
② 피아노를 연주한 소녀는 미나였다.
③ 이곳은 내 친구가 좋아하는 식당이다.
④ 네가 어제 본 소년은 내 남동생이다.
⑤ 그것은 그녀의 엄마가 그녀의 생일에 준 반지이다.
**해설|** ④ 목적격 관계대명사로, 선행사가 사람일 때는 who(m) 또는 that을 쓴다.

**12-1 해석|** 내가 되고 싶은 것은 가수이다.
**해설|** the thing which는 선행사를 포함하는 관계대명사 what으로 바꿔 쓸 수 있다.

**12-2 해석|** 그녀가 말한 것은 사실이다.
**해설|** '~하는 것'이라는 의미로 선행사를 포함하는 관계대명사 what이 알맞다.

| pp. 20~25 | | 기초성취도 평가 1회 | |
|---|---|---|---|
| 1 ② | 2 ① | 3 ② | 4 ③ |
| 5 ③ | 6 ① | 7 ③ | 8 ② |
| 서답형 1 Europe | | 9 ④ | 10 ④ |
| 서답형 2 4 | 11 ③ | 12 ② | 13 ② |
| 14 ④ | 15 ① | 서답형 3 riddle | 16 ④ |
| 서답형 4 carry fresh fish | | | |

**1** 출제 의도 **그림 고르기**

W: I'm thirsty. Let's drink something.

M: Sounds good.

W: There are milk and juice in the refrigerator. Which do you want?

M: Milk, please. Milk is my favorite drink.

여: 목말라. 뭔가 좀 마시자.

남: 좋아.

여: 냉장고에 우유와 주스가 있어. 어느 것을 마실래?

남: 우유. 우유는 내가 가장 좋아하는 음료야.

해설 남자가 가장 좋아하는 음료는 우유이다.

**2** 출제 의도 **날씨 고르기**

W: Good morning. This is Stella White at the Weather Center. Here is the weather report for today and tomorrow. Today we are expecting clouds and light rain throughout the morning, with clearer skies later in the afternoon. Tomorrow the good weather will continue. It'll be sunny all day long tomorrow.

여: 좋은 아침입니다. 기상 센터의 Stella White입니다. 오늘과 내일 일기 예보입니다. 오늘 오전 내내 구름이 끼고 비가 조금 오다가 오후 늦게 날씨가 맑아질 것으로 예상됩니다. 내일은 좋은 날씨가 계속 되겠습니다. 내일은 하루 종일 맑을 것입니다.

해설 내일 날씨는 마지막 문장(It'll be sunny all day long tomorrow.)에 나타나 있다.

**3** 출제 의도 **심정 파악하기**

M: Why don't we see the super moon together this evening?

W: The super moon? You mean the full moon?

M: Right. But this looks bigger than other full moons.

W: Why is it bigger?

M: Because it's closer to the Earth.

W: Wow, I can't wait to see it.

남: 오늘 저녁에 함께 슈퍼 문을 보지 않을래?

여: 슈퍼 문이라고? 보름달을 말하는 거지?

남: 맞아. 그렇지만 그것은 다른 보름달보다 크기가 더 커.

여: 왜 그것은 더 크지?

남: 그것이 지구에 더 가깝게 위치하기 때문이야.

여: 와, 나는 그것이 정말 기대돼.

해설 여자의 마지막 말(I can't wait to see it.)에서 슈퍼 문을 빨리 보고 싶어서 설렌다는 것을 알 수 있다.

**4** 출제 의도 **시각 고르기**

M: I really wanted to see this movie. I'm so excited.

W: Me, too. What time does it start?

M: It starts at 4:20.

W: We have only 10 minutes before the movie starts. Hurry up!

M: OK.

남: 나는 이 영화 정말 보고 싶었어. 정말 신난다.

여: 나도. 그건 몇 시에 시작하지?

남: 4시 20분에 시작해.

여: 영화 시작 전까지 10분밖에 안 남았네. 서두르자!

남: 그래.

해설 영화가 4시 20분에 시작하는데, 영화 시작 전까지 10분밖에 안 남았다고 했으므로 현재 시각은 4시 10분이다.

**5** 출제 의도 **그림 상황에 알맞은 대화 고르기**

① W: Do I look nice in these jeans?

　 M: Yes. The jeans fit you perfectly.

② M: Where can I find a clothing store near here?

　 W: Go straight this way and turn right.

③ M: These pants look nice. Can I try them on?

　 W: Sure. The fitting room is over there.

④ W: These pants are dirty. Let's clean them.

　 M: Okay. There is a washing machine.

① 여: 이 청바지 저한테 잘 어울리나요?

　 남: 그럼요. 그 청바지는 당신에게 아주 잘 맞습니다.

② 남: 이 부근에 옷 가게가 어디 있나요?

　 여: 이쪽으로 쭉 가서서 오른쪽으로 도세요.

③ 남: 이 바지 멋지네요. 입어 볼 수 있나요?

　 여: 그럼요. 탈의실은 저쪽입니다.

④ 여: 이 바지는 더러워. 세탁하자.

　 남: 좋아. 세탁기가 있어.

해설 옷 가게에서 남자 손님과 여자 점원 사이에 이루어지는 대화이다. ①은 여자 손님과 남자 점원의 대화임에 유의한다.

**6** 출제 의도 **설명하는 것 고르기**

M: This is a traditional Korean dance. People can't see the dancers' faces. They wear traditional Korean masks. Some masks look happy and others look angry. Many Korean people enjoy this dance.

남: 이것은 한국의 전통 춤이다. 사람들은 춤꾼들의 얼굴을 볼 수 없다. 그들은 한국의 전통 탈을 착용한다. 어떤 탈은 행복한 표정이고, 다른 탈은 화가 난 표정이다. 많은 한국 사람들이 이 춤을 즐긴다.

해설 탈을 쓰고 추는 한국의 전통 춤은 탈춤이다.

## 7 출제 의도 의도 파악하기

W: Can you help me?

M: Sure. What is it?

W: My cat looks hungry. Can you feed him?

M: No problem. I'll do it now.

W: Thanks.

여: 나 좀 도와줄래?

남: 물론이지. 뭔데?

여: 내 고양이가 배고파 보여. 먹이 좀 줄 수 있니?

남: 물론이지. 지금 할게.

여: 고마워.

해설 여자는 남자에게 고양이에게 먹이를 줄 것을 부탁하고 있다.

## 8 출제 의도 세부 정보 파악하기

W: Hello, Jinho. What can I do for you?

M: Hello, Ms. Kim. I want to speak English well.

W: Well, do you study English every day?

M: Not really but I memorize all the words and sentences in my textbook.

W: Oh, you're working hard. But you should read more. Read easy and fun story books and summarize them. Then your speaking ability will improve.

M: Thank you, Ms. Kim.

여: 안녕, 진호야. 무엇을 도와줄까?

남: 안녕하세요, 김 선생님. 저는 영어를 잘 말하고 싶어요.

여: 음, 영어를 매일 공부하니?

남: 그것은 아니지만, 교과서에 나오는 단어와 문장을 다 외우고 있어요.

여: 아, 열심히 공부하는구나. 하지만 더 많이 읽어야 해. 쉽고 재미있는 이야기책을 읽고 요약해 봐. 그러면 말하기 능력이 향상될 거야.

남: 감사합니다, 김 선생님.

해설 선생님은 진호에게 읽기에 더 많은 시간을 투자하라고 충고했다.

## 서답형 1 출제 의도 빈칸 완성

W: Welcome to ABC Zoo. We're going to see the bears first. Do you have any questions?

M1: Where do they live?

W: They live in Asia, North America, and Europe.

M2: What do they eat?

W: They eat meat and fish. They also like many kinds of fruit.

여: ABC 동물원에 오신 것을 환영합니다. 우리는 먼저 곰을 볼 거예요. 질문 있으신가요?

남1: 곰은 어디에 사나요?

여: 아시아, 북아메리카, 그리고 유럽에 살아요.

남2: 곰은 무엇을 먹나요?

여: 고기와 생선을 먹습니다. 그들은 또한 다양한 종류의 과일을 좋아합니다.

## 9 출제 의도 마지막 말에 이어질 응답 고르기

M: National Museum. May I help you?

W: When does the museum open?

M: We open at ten in the morning and close at six in the evening.

W: Oh, thank you. How can I get there?

M: _____

남: 국립 박물관입니다. 도와드릴까요?

여: 박물관은 언제 여나요?

남: 아침 10시에 열고 저녁 6시에 닫습니다.

여: 아, 감사합니다. 그곳에 어떻게 가나요?

남: 지하철 3호선을 타시면 됩니다.

① 이번 주 일요일부터.

② 월요일에는 문을 닫습니다.

③ 5세 이하의 어린이는 무료입니다.

## [10, 서답형 2]

W: Anna usually comes home at 4. Before dinner, she usually does her homework. At 7, she eats dinner with her family. After dinner, she watches TV with her family. At 9, she listens to music in her room. She usually goes to bed at 11.

**여:** Anna는 보통 4시에 집에 온다. 저녁 식사 전에 그녀는 보통 숙제를 한다. 7시에 그녀는 가족과 저녁을 먹는다. 저녁을 먹은 후에 그녀는 가족과 TV를 본다. 9시에 그녀는 자신의 방에서 음악을 듣는다. 그녀는 보통 11시에 잠자리에 든다.

**10** [출제 의도] **빈칸 완성**

[해설] Anna는 9시에 자기 방에서 음악을 듣는다.

**서답형 2** [출제 의도] **빈칸 완성**

**질문:** 화자에 따르면, Anna는 보통 몇 시에 집에 오는가?
**대답:** 그녀는 보통 <u>4시</u>에 집에 온다.

**11** [출제 의도] **빈칸 완성**

**A:** 무엇을 도와드릴까요?
**B:** 제 남동생들이랑 같이 볼 DVD를 원해요.
**A:** 아, 특별한 종류를 생각하고 계신가요?
**B:** 아니요. 뭘 골라야 할지 모르겠어요.
**A:** 여기 좋은 영화가 있어요. 'X-men Final'이죠. 남자 아이들이 이 영화를 좋아하는 듯해요.
**B:** 미안하지만, 우린 이미 그것을 봤어요. <u>추천해 주실 새로운 것이 있나요?</u>
**A:** 물론이죠. 저희는 새 영화들을 아주 많이 구비하고 있어요. 여기 신작 영화 목록이 있습니다.
① 영화 상영 시간이 얼마나 되요?
② 어떤 종류의 영화를 보고 싶은가요?
④ 저와 함께 영화 보실래요?

[해설] 이어지는 응답으로 보아 빈칸에는 새로운 영화를 추천해 달라는 요청의 말이 들어가는 것이 적절하다.

**12** [출제 의도] **주제 고르기**

어떤 사람들은 특정한 동전을 갖고 다니면 행운이 찾아온다고 믿는다. 가끔 여성들은 행운을 위해 동전을 단 목걸이를 착용한다. 구멍이 있는 동전은 일부 국가에서 특히 행운을 가져오는 것으로 여겨진다. 이런 생각은 오래전에 시작되었다. 사람들은 구멍이 있는 조개껍데기나 돌이 악령을 물리칠 수 있다고 믿었다. 구멍이 있는 동전도 같은 힘을 가지고 있다고 여겼다.

[해설] 동전에 부여한 미신에 관한 내용이다.

**13** [출제 의도] **이유 고르기**

배고픈 여우가 포도 덩굴에 달린 포도를 보았다. 그것이 너무 맛있어 보여서 여우는 그것을 먹고 싶었다. 그는 포도에 닿기 위해 뛰고 또 뛰었다. 그러나 포도는 그에게는 너무 높이 있었다. 그는 시도하는 것을 포기해야 했다. 그는 "아, 어쨌든 저것은 아마도 시큼했을 거야!"라고 혼잣말을 하고서 가버렸다.

[해설] 여우는 포도를 먹기 위해 계속 뛰었지만 손이 닿지 않았고, 결국 그 포도가 시큼했을 거라고 추측하며 포도를 먹지 못한 자신을 위로한 것이다.

**14** [출제 의도] **내용 불일치**

Beethoven은 위대한 작곡가였다. 그는 불행한 어린 시절을 보냈다. 그가 네 살이 되자, 그의 아버지는 그에게 음악을 가르쳤다. Beethoven이 처음으로 배운 것은 피아노 연주였다. 그가 실수를 하면, 그의 아버지는 그에게 소리를 지르거나 때렸다. 하지만, Beethoven은 음악을 싫어하지 않았다. 음악은 그가 좋아했던 유일한 것이었다. 이제, 그는 많은 사람들이 존경하는 유명한 피아니스트이자 작곡가로 알려져 있다.

[해설] Beethoven이 어린 시절에 피아노 연주를 하다가 실수를 하면 아버지가 그에게 소리를 지르거나 때렸지만 음악을 싫어하지 않았다.

**15** [출제 의도] **성격 고르기**

Betty는 몇 가지 채소를 재배하는 그녀의 정원을 사랑한다. 그녀는 대지와 식물을 소중히 여긴다. 그녀의 정원을 돌볼 때 그녀는 아주 기쁘다. 그녀는 종종 "난 정말로 많은 것이 필요하지 않아요."라고 말한다. 그래서 그녀는 많은 것을 소유하고 있지 않다. 그녀는 오래된 물건들을 결코 버리지 않는다. 그녀는 또한 중고품 가게에서 산 낡은 물건들을 고치는 것을 좋아한다. Betty의 생활 방식은 사람이 욕심 없이 살 수 있는 방식을 보여 준다.

[해설] Betty는 욕심 없이 살아가는 검소한 성격이다.

**서답형 3** [출제 의도] **빈칸 완성**

그리스 신화에서 스핑크스는 상상의 동물이 아니었다. 그것은 사람의 머리, 사자의 몸통, 새의 날개를 갖고 있었다. 스핑크스는 테베시 근처에 살고 있었다. 사람들이 테베에 들어서면, 그들은 스핑크스 곁을 지나가야 했다. 하지만 그 동물은 사람들에게 자신의 수수께끼에 답하라고 말했다. 그들이 정답을 말하지 못하면 스핑크스는 그들을 살해했다. 그 수수께끼는 이랬다: "아침에는 네 발, 낮에는 두 발, 밤에는 세 발을 가진 것은 무엇이냐?"
→ 사람들이 테베에 들어서면, 스핑크스는 그들에게 그의
<u>수수께끼</u>를 풀라고 말했다.

**해설** 테베에 들어서는 사람들은 스핑크스 곁을 지나가야 했고
그의 수수께끼(riddle)를 풀어야 했다.

**[16, 서답형 4]**

피시앤칩스(감자튀김을 곁들인 생선 튀김 요리)는 영국
의 전형적인 테이크아웃 음식이며 영국의 전통 음식이다.
그것은 철도가 신선한 생선을 해안으로부터 곧장 대도시
로 하룻밤에 가져오기 시작하면서 1860년대에 인기를 얻
게 되었다. 생선은 튀겨져 감자튀김과 함께 먹게 된다. 그
것은 신문지로 포장되었지만 요즘은 좀 더 위생적인 종이
로 포장된다.

**16** **출제 의도** 세부 정보 파악하기

**해설** 피시앤칩스는 예전에는 신문지로 포장했지만 요즘은 좀
더 위생적인 종이로 포장한다.

**서답형 4** **출제 의도** 빈칸 완성

남: 피시앤칩스는 어떻게 인기를 얻게 되었니?

여: 그것은 철도가 <u>신선한 생선</u>을 해안으로부터 곧장 대도
시로 <u>실어 나르기</u> 시작하면서 인기를 얻게 되었어.

**해설** 본문의 It became popular in the 1860's when
railways began to bring fresh fish straight from the coast
to the big cities over night.으로 보아 빈칸에는 carry fresh
fish(신선한 생선을 실어 나르다)가 적절하다.

| pp. 26~31 | | | 기초성취도 평가 2회 |
|---|---|---|---|
| 1 ③ | 2 ④ | 3 ③ | 4 ④ |
| 5 ② | 6 ③ | 7 ② | 8 ④ |
| **서답형 1** soccer | | 9 ④ | 10 ④ |
| **서답형 2** (u)mbrellas | | 11 ④ | 12 ② |
| 13 ② | 14 ③ | 15 ④ | |
| **서답형 3** languages | | 16 ③ | |
| **서답형 4** fight a fire yourself | | | |

**[ 선다형 1번~10번과 서답형 1번~2번 ] 듣기 문제**

**1** **출제 의도** 그림 고르기

W: This is a nice photo. Who took it?

M: I did. It's a photo of my little sister and her
friends.

W: Is this girl your sister?

M: You mean the girl wearing glasses? No, she
isn't.

W: This girl with the camera must be your sister.

M: Sorry, you're mistaken. My sister's carrying a
big backpack in the photo.

여: 이것은 멋진 사진이구나. 누가 사진을 찍었니?

남: 내가 찍었지. 내 여동생과 그 애의 친구들 사진이야.

여: 이 애가 네 여동생이니?

남: 안경 쓴 애? 아니, 그렇지 않아.

여: 카메라를 가진 이 소녀가 네 여동생이 틀림없어.

남: 미안하지만, 잘못 안 거야. 내 여동생은 그 사진에서 큰
배낭을 메고 있어.

**해설** 남자의 여동생은 큰 배낭을 메고 있다.

**2** **출제 의도** 장소 고르기

M: Please don't run or play with your food.

W: Okay, we won't.

M: Also, when you are finished, clear the table
and go to your classroom.

W: Sure, we'll do that.

남: 뛰거나 음식으로 장난하지 마세요.

여: 네, 그럴게요.

남: 그리고 음식을 다 먹은 후에 식탁을 치우고 교실로 가
세요.

여: 네, 그럴게요.

**해설** 음식으로 장난하지 말고, 식탁을 치우고 교실로 가라는
남자의 말로 보아 학교 식당에서 이루어지는 대화임을 알 수 있다.

**3** **출제 의도** 금액 고르기

M: How may I help you?

W: Can I see that white wool sweater?

M: Sure. It's a very popular style. Here you are.

W: Looks nice. How much is it?

M: It's forty dollars.

W: Forty? It's too expensive. Can't you make it
cheaper?

M: We can give you a 10 percent discount.

W: 10 percent? Great. I'll take it.

남: 무엇을 도와드릴까요?

여: 저 흰색 울 스웨터 좀 볼 수 있을까요?

남: 그럼요. 아주 인기 있는 스타일이죠. 여기 있습니다.

여: 좋아 보이네요. 가격은 얼마죠?

남: 40달러입니다.

여: 40달러요? 너무 비싸네요. 좀 싸게 해 주실 수 없나요?

남: 10퍼센트 할인해 드릴 수 있습니다.

여: 10퍼센트요? 좋아요. 살게요.

해설 스웨터의 가격은 40달러이고 10퍼센트 할인을 해 주기로 했으므로 여자가 지불할 금액은 36달러이다.

## 4  출제 의도 장래 희망 고르기

M: What are you interested in, Jina?

W: I'm interested in movies.

M: Movies? Do you want to be a movie director?

W: Not really.

M: Then what do you want to be?

W: I want to be a script writer.

남: 너는 무엇에 관심이 있니, 지나야?

여: 나는 영화에 관심이 있어.

남: 영화? 너는 영화감독이 되고 싶은 거야?

여: 그렇지는 않아.

남: 그럼 뭐가 되고 싶니?

여: 나는 대본 작가가 되고 싶어.

① 여배우 ② 발명가 ③ 영화감독 ④ 대본 작가

해설 지나는 대본 작가가 되고 싶다(I want to be a script writer.)고 했다.

## 5  출제 의도 길 찾기

M: Excuse me. I'm trying to go to Cinemaflex. Do you know where it is?

W: Cinemaflex? Go straight this way for two blocks and turn left.

M: Turn left at the second corner?

W: That's right. Then go one block more and turn right. It's on your right. You can't miss it.

M: Thanks.

남: 실례합니다. Cinemaflex에 가려고 하는데요. 어디에 있는지 아세요?

여: Cinemaflex요? 이쪽으로 두 블록 쭉 가서 좌회전하세요.

남: 두 번째 모퉁이에서 좌회전이요?

여: 맞아요. 그리고 한 블록 더 가서 우회전하세요. 오른쪽에 있어요. 금방 찾으실 거예요.

남: 감사합니다.

해설 두 블록 직진한 뒤 좌회전, 한 블록 더 간 뒤 우회전하여 오른쪽에 있는 것은 ②이다.

## 6  출제 의도 관계 파악하기

M: May I help you?

W: Yes, I am looking for running shoes.

M: Would you like to try these? They are very popular these days.

W: They are pretty but too tight.

M: Then how about these? The design is a little different, so they will be much more comfortable for you.

W: Okay, let me try them on.

남: 도와드릴까요?

여: 네, 저는 운동화를 사려고 해요.

남: 이것을 신어보시겠어요? 요즘 아주 인기가 많아요.

여: 예쁜데 너무 조이는군요.

남: 그렇다면 이것은 어떠세요? 디자인이 조금 달라서 고객님께 훨씬 더 편안할 거예요.

여: 네, 신어볼게요.

해설 운동화를 사려는 손님과 그녀에게 어울리는 운동화를 추천하고 있는 점원의 대화이다.

## 7  출제 의도 세부 정보 파악하기

M: I got up early this morning. I ate a sandwich and drank some milk. At lunch time I had a hamburger and a Coke. I felt hungry in the afternoon, so I had some potato chips. At night, I ate a slice of pizza while studying.

남: 나는 오늘 아침에 일찍 일어났다. 샌드위치를 먹고 우유를 조금 마셨다. 점심시간에 햄버거랑 콜라를 먹었다. 오후에 배가 고파져서 감자튀김을 먹었다. 밤에는 공부를 하다가 피자 한 조각을 먹었다.

해설 남자는 아침에 샌드위치와 우유, 점심에 햄버거와 콜라, 간식으로 감자튀김과 피자를 먹었다.

## 8  출제 의도 세부 정보 파악하기

W: I spend too much time online.

M: Me, too. I play games for two or three hours a day.

W: Do you exercise often?

M: No. I don't exercise at all.

여: 나는 온라인에서 너무 많은 시간을 보내.

남: 나도 그래. 나는 하루에 두세 시간 동안 게임을 해.

여: 운동을 자주 하니?

남: 아니. 나는 운동을 전혀 하지 않아.

해설 두 사람의 공통점은 온라인에서 많은 시간을 보내는 것이다.

**서답형 1** 출제 의도 빈칸 완성

M: Hi. My name is John Pitt. I go to Soram Middle School in Ulsan, but I'm from Vancouver, Canada. I study 10 subjects. I like PE and English. My hobby is playing soccer. My nickname is Great Soccer Player. Nice to meet you all.

남: 안녕. 내 이름은 John Pitt야. 나는 울산에 있는 소람중학교에 다니지만, 캐나다 밴쿠버 출신이야. 나는 열 과목을 공부해. 나는 체육과 영어를 좋아해. 내 취미는 축구하는 거야. 내 별명은 '위대한 축구 선수'야. 모두 만나서 반가워.

해설 John Pitt의 취미는 축구하는 것(playing soccer)이다.

**9** 출제 의도 마지막 말에 이어질 응답 고르기

M: Do you know where the tomato was first grown?

W: Italy or somewhere in Europe?

M: No, the tomato came from South America.

W: Really? How did you know that?

M: _____

남: 너는 토마토가 어디에서 처음 재배되었는지 아니?

여: 이탈리아나 유럽 어딘가 아닐까?

남: 아니야, 토마토는 남아메리카에서 왔어.

여: 정말? 너는 그걸 어떻게 알았어?

남: 우리 선생님께 배웠어.

① 믿을 수 없어! ② 나는 그것을 몰랐어. ③ 그거 좋은 소식이구나.

해설 토마토가 남아메리카에서 처음 재배되었다는 사실을 어떻게 알았는지 묻는 질문에 대한 응답으로 선생님께 배웠다는 대답이 와야 자연스럽다.

[10, 서답형 2]

W: Hi, I'm Jina. This is today's weather. In

Canberra, it's hot and sunny. You'll need sunglasses. In New York, it's cold and windy. You'll need gloves. In London, it's raining. You'll need an umbrella.

여: 안녕하세요. 저는 지나입니다. 오늘의 날씨입니다. 캔버라는 덥고 화창합니다. 선글라스가 필요하겠네요. 뉴욕은 춥고 바람이 붑니다. 장갑이 필요하겠습니다. 런던은 비가 오고 있습니다. 우산이 필요하겠습니다.

**10** 출제 의도 빈칸 완성

해설 뉴욕은 춥고 바람이 분다.

**서답형 2** 출제 의도 빈칸 완성

질문: 런던 사람들은 오늘 무엇이 필요할까?

대답: 그들은 우산이 필요할 것이다.

**11** 출제 의도 지칭 추론

이것은 하루의 첫 번째 식사이다. 어떤 사람들은 이것으로 토스트나 시리얼을 먹는다. 다른 사람들은 바쁘거나 식욕이 없어서 이것을 건너뛴다. 이것은 당신에게 새로운 하루를 시작하는 데 필요한 에너지를 준다. 게다가 이것은 당신의 신체 및 정신 건강에 좋다.

① 우유 ② 과일 ③ 점심 식사 ④ 아침 식사

해설 하루의 첫 번째 식사이고 토스트나 시리얼을 먹거나 건너뛸 수 있으며, 새로운 하루를 시작하는 데 필요한 에너지를 주는 것은 아침 식사이므로 ④가 알맞다.

**12** 출제 의도 어울리지 않는 문장 고르기

휴대전화는 우리의 삶을 변화시켰다. 우리는 원할 때 언제든지, 어디에서든지 전화를 걸 수 있다. (사람들은 운전할 때 휴대전화를 사용해서는 안 된다.) 우리는 또한 문자 메시지와 사진을 보낼 수 있다. 심지어 휴대전화로 TV를 보거나 이메일을 확인하는 것도 가능하다.

해설 휴대전화의 편리성에 관한 글이므로 운전 중 휴대전화를 사용해서는 안 된다는 내용의 ②는 글의 흐름에 어울리지 않는다.

**13** 출제 의도 어색한 대화 고르기

① 여: 이 근처에 병원이 있나요?

남: 네, 공원 옆에 하나 있어요.

② 남: 네 컴퓨터를 써도 될까?

여: 물론이지. 그것은 고장 났어.

③ 남: 지금 주문하시겠어요?

남: 네, 딸기 셰이크를 마실게요.

④ 여: 나의 아들이 아주 아파. 그는 독감에 걸렸어.

여: 그가 빨리 낫기를 바라.

**해설** Sure.는 상대방의 부탁을 수락하는 말이므로 '고장 났다'라는 말과 어울리지 않는다. 따라서 어색한 대화는 ②이다.

**14** **출제 의도** 주제 고르기

해마는 작고 독특한 물고기이다. 한 연구에 따르면, 해마는 캥거루처럼 새끼를 주머니에서 키운다. 그러나 그 주머니는 아빠에게 있다! 엄마가 아빠의 주머니 안에 알을 낳으면, 아빠는 그것들을 보살핀다.

**해설** 엄마가 아빠의 주머니 안에 알을 낳으면, 아빠가 그 알들을 보살피는 해마의 독특한 번식 방법에 관해 설명하고 있다.

**15** **출제 의도** 심경 파악하기

Baker 씨 부부는 유명한 뮤지컬의 무료 관람권 두 장을 받아서 매우 기뻤다. 그들은 누가 그들에게 그 관람권을 보냈는지 알 수 없었다. "분명 나의 가장 친한 친구 중 한 명일 거야. 어쨌든 갑시다."라고 Baker 씨가 말했다. 그들은 극장으로 가서 멋진 뮤지컬을 관람했다. 하지만 그들이 돌아왔을 때, 그들은 집안에 값나가는 물건이 아무것도 남아있지 않은 것을 발견했다. "이럴 수가! 우리는 극장에 가지 말았어야 했어요."라고 Baker 부인이 외쳤다.

**해설** Baker 부인의 마지막 말을 통해 그녀가 집을 비웠던 것을 후회하고 있음을 알 수 있으므로 ④가 알맞다.

**서답형 3** **출제 의도** 빈칸 완성

Stephen King은 역사상 가장 성공한 미국의 작가들 중 한 명이다. 그는 50권 이상의 베스트셀러 공포 소설을 썼다. 그의 책들은 33개의 다른 언어로 번역되었다. 또한, 그의 책은 3억부 이상 출간되었다.

→ Stephen King의 책들은 33개의 다른 <u>언어</u>로 번역되었다.

[16, 서답형 4]

화재는 매년 수천 명의 생명을 앗아간다. 불이 났을 때 해야 할 일을 알아 보자. 여기 가정에서 따라야 할 규칙들이 있다. 가장 먼저 할 일은 탈출 계획을 짜는 것이다. 불이 나면, 연기와 불꽃이 계단이나 복도를 막을 수 있다. 집안의 각 방에서 빠져나오는 방법을 찾아라. 창문을 통해 기어 나와야 할 수도 있다. <u>스스로 불길에 맞서려고 하지 마라.</u> 불에서 피한 뒤에 소방서에 전화하라.

**16** **출제 의도** 목적 고르기

**해설** 화재가 발생했을 때 가정에서 지켜야 할 규칙들에 관해 설명하는 글이므로 ③이 글의 목적으로 알맞다.

**서답형 4** **출제 의도** 빈칸 완성

불이 났을 때, <u>스스로 불길에 맞서려고 하지 마라</u>. 불을 피한 뒤에 소방서에 전화하라!

**해설** 화재가 발생했을 때 스스로 불길에 맞서지 말고 불을 피한 뒤에 소방서에 연락하라는 내용이다.

---

| pp. 32~37 | | | 기초성취도 평가 3회 |
|---|---|---|---|
| 1 ④ | 2 ③ | 3 ④ | 4 ② |
| 5 ① | 6 ④ | 7 ① | 8 ③, ④ |
| 9 ④ | 10 ④ | **서답형 1** (w)ear | |
| **서답형 2** (f)eed | | 11 ④ | 12 ② |
| 13 ③ | 14 ④ | 15 ④ | |
| **서답형 3** (1) play tennis (2) a baking class (3) volunteer work | | | |
| 16 ② | **서답형 4** healthy | | |

[ 선다형 1번~10번과 서답형 1번~2번 ] 듣기 문제

**1** **출제 의도** 그림 상황에 알맞은 대화 고르기

① W: Can you help me move these boxes?

M: Sure, no problem.

② W: How do I get to the Max Cinema?

M: Go straight two blocks and turn right.

③ W: Do you want some more cake?

M: No, thanks. I'm full.

④ W: I would like two tickets for "Batman 4" at 2 o'clock.

M: Sorry, but it is sold out. The next showing is at 4:30.

① 여: 이 상자 옮기는 것을 도와줄래요?

남: 네, 물론이죠.

② 여: Max 영화관에 어떻게 가나요?

남: 두 블록을 직진해서 오른쪽으로 도세요.

③ 여: 케이크를 좀 더 드시겠어요?

남: 아니요, 괜찮습니다. 배불러요.

④ 여: 2시에 하는 'Batman 4' 표 두 장 주세요.

남: 죄송하지만, 매진입니다. 다음 상영은 4시 30분이에요.

**해설** 주어진 그림은 영화 매표소에서 영화표를 구매하려는 여자와 그런 그녀에게 매진되었다고 말하는 남자의 모습이다.

---

**2** **출제 의도** 질문에 이어질 응답 고르기

M: Ann, let's decorate this Christmas tree.

W: Ok, Dad. Here are some pretty ribbons.

M: Good, hang the ribbons here and there. I will hang these small lights here.

W: What would you like to put on the top of the tree?

M: On the top? Let me see... how about this big paper star?

W: Thanks, Dad! Guess what? I made this paper star.

Question: What are they going to put on the top of the Christmas tree?

남: Ann, 이 크리스마스 트리를 장식하자.

여: 네, 아빠. 여기 예쁜 리본들이 있어요.

남: 좋아, 그 리본들을 여기저기에 걸럼. 난 이쪽에 꼬마전구들을 걸게.

여: 트리 꼭대기에는 무엇을 달고 싶으세요?

남: 꼭대기에? 어디 보자… 이 큰 종이 별은 어떨까?

여: 고마워요, 아빠! 그거 아세요? 제가 이 종이 별을 만들었어요.

질문: 그들은 크리스마스 트리의 꼭대기에 무엇을 달려고 하는가?

**해설** 아빠가 트리 꼭대기에 큰 종이 별을 다는 것이 어떠냐고 묻자 Ann은 고맙다고 말하며 그것을 본인이 만들었다고 했으므로, 두 사람이 트리 꼭대기에 종이 별을 달 것을 알 수 있다.

---

**3** **출제 의도** 심경 파악하기

W: Knock, knock! What are you doing in there?

M: Come on in, Mom. I'm playing an online game. It's very exciting.

W: Are you still playing it? What about your homework?

M: I'm going to start it in an hour.

W: No way. What made you such a lazy boy? I'm so disappointed with you.

M: Please, Mom? Don't be upset.

여: 똑똑! 너 그 안에서 무엇을 하는 중이니?

남: 들어오세요, 엄마. 온라인 게임을 하고 있어요. 정말 재미있어요.

여: 아직도 게임하고 있니? 숙제는 어떡하고?

남: 한 시간 뒤에 시작할 거예요.

여: 안 돼. 어째서 그렇게 게으른 아이가 되었니? 네게 정말 실망이야.

남: 제발, 엄마? 그렇게 화내지 마세요.

**해설** 여자의 'I'm so disappointed with you.'라는 표현에서 그녀가 아들에게 실망했음을 알 수 있다.

---

**4** **출제 의도** 세부 정보 파악하기

M: Where do you want to go for your summer vacation?

W: Well, I'd like to go to a beach.

M: How about Jeju? There are beautiful beaches in Jeju island.

W: I think it's too far from here.

M: Then, I think you should visit Busan.

W: That's a good idea. It's close. I can enjoy Haeundae Sand Festival and eat delicious seafood.

남: 너는 여름 휴가를 어디로 가고 싶니?

여: 글쎄, 해변에 가고 싶어.

남: 제주는 어떠니? 제주도에는 멋진 해변이 많아.

여: 제주도는 여기서 너무 먼 것 같아.

남: 그러면, 부산에 가면 좋겠다.

여: 그거 좋은 생각이야. 부산은 가까워. 해운대 모래 축제에도 갈 수 있고 맛있는 해산물도 먹을 수 있겠다.

**해설** 남자가 여름 휴가지로 부산을 추천하자 여자는 부산이 가깝고 해운대 모래 축제에도 갈 수 있고 맛있는 해산물도 먹을 수 있어서 좋다고 했지만, 친구와 관련된 내용은 언급하지 않았다.

---

**5** **출제 의도** 관계 파악하기

W: May I help you?

M: Yes, I'd like to buy a shirt for my daughter.

W: This way, please. What size does she wear?

M: Well, I don't know, but she's a little thin and 150cm tall.

W: Okay. How about this one?

M: Um... I like the color. I'll take it.

여: 도와드릴까요?

남: 네, 저는 딸의 셔츠를 사고 싶어요.

여: 이쪽으로 오세요. 치수가 어떻게 되나요?

남: 음, 잘 모르겠지만, 약간 마르고 키가 150cm예요.

여: 좋아요. 이건 어떠세요?

남: 음⋯ 색깔이 마음에 드네요. 그걸로 할게요.

> 해설 남자가 딸의 셔츠를 사고 싶다고 하자 여자는 딸의 치수를 묻고 그에 맞는 셔츠를 추천하고 있으므로 두 사람의 관계로 ①이 알맞다.

**6** 출제 의도 **금액 고르기**

W: May I help you?

M: Yes, please. I'd like to buy two tickets to New York.

W: A one way ticket is 20 dollars, and a return ticket is 35 dollars.

M: I want two return tickets. One for an adult and one for a child.

W: Oh, for a child, the return ticket is 25 dollars.

여: 도와드릴까요?

남: 네, 뉴욕 가는 표 2장을 사려고 합니다.

여: 편도표 1장은 20달러, 왕복표 1장은 35달러입니다.

남: 왕복표 2장 주세요. 어른 1장, 어린이 1장이요.

여: 아, 어린이는 왕복표가 25달러입니다.

> 해설 어른의 왕복표는 35달러이고 어린이의 왕복표는 25달러이므로, 남자가 지불해야 할 금액은 이 두 금액을 합친 60달러이다.

**7** 출제 의도 **장소 찾기**

W: It smells nice. What are you cooking, Mike?

M: I'm making Croutons.

W: Croutons? What is that?

M: It's a kind of French bread. I like to eat Croutons with soup.

W: That sounds delicious!

M: Would you like some?

W: Yes, please.

여: 좋은 냄새가 나. Mike, 무슨 요리를 하는 중이니?

남: 나는 크루통을 만들고 있어.

여: 크루통? 그게 무엇이니?

남: 프랑스 빵의 한 종류야. 나는 크루통과 수프를 함께 먹

는 것을 좋아해.

여: 맛있을 것 같아!

남: 좀 먹어볼래?

여: 응, 그래.

> 해설 남자가 프랑스 빵인 크루통을 만들고 있고, 여자에게 먹어보라고 권하는 것으로 보아 두 사람이 대화하고 있는 곳은 부엌임을 알 수 있다.

**8** 출제 의도 **할 일 파악하기**

M: Tomorrow is Daddy's birthday. What are you going to do for him?

W: I'm going to buy a tie and some flowers. What do you think?

M: Sounds good. What should I do?

W: Well, why don't you buy a cake and write a thank-you card?

M: That's a good idea. I will go to buy a card right now.

남: 내일이 아빠 생신이야. 그를 위해 무엇을 해 드릴 거야?

여: 나는 넥타이와 꽃을 살 거야. 어떻게 생각하니?

남: 좋은 생각이야. 나는 무엇을 하면 좋을까?

여: 음, 케이크를 사고 감사 카드를 쓰는 건 어때?

남: 그거 좋은 생각이야. 당장 카드를 사러 가야겠어.

> 해설 남자는 아빠의 생신 선물로 케이크를 사고 감사 카드를 쓰라는 여자의 제안에 동의하고 있다.

**9** 출제 의도 **마지막 말에 이어질 응답 고르기**

M: What do you think of our school lunch?

W: It's delicious. What do you think?

M: I think the soup is salty. I don't like salty food.

W: Why do you say that?

M: _____

남: 너는 우리 학교 점심 급식에 대해 어떻게 생각하니?

여: 맛있어. 너는 어떻게 생각해?

남: 국이 짠 것 같아. 난 짠 음식은 안 좋아해.

여: 왜 그런데?

남: 짠 음식은 우리 건강에 좋지 않기 때문이야.

① 나는 국을 먹고 싶지 않아. ② 소금이 필요하기 때문이야. ③ 나는 짜고 매운 음식을 좋아해.

> 해설 짠 음식을 안 좋아한다는 남자의 말에 여자가 그 이유를 묻고 있으므로 짠 음식이 안 좋은 이유에 대해 말하는 ④가 알맞다.

**[10, 서답형 1]**

M: What do you think about this mask?

W: Wow, it looks so humorous! Where did you get it, Tim?

M: My Korean friend gave it to me as a birthday gift.

W: What are you going to do with the mask?

M: I'm going to wear it and dance at the school festival.

남: 이 탈에 대해 어떻게 생각하니?

여: 와, 매우 익살스러워 보이는걸! Tim, 그 탈은 어디서 났니?

남: 한국인 친구가 내 생일 선물로 줬어.

여: 그 탈을 가지고 무엇을 할 계획이니?

남: 나는 학교 축제에서 탈을 쓰고 춤을 출 거야.

**10** 출제 의도 **질문에 이어질 응답 고르기**

Question: Where did Tim get the mask?

질문: Tim은 어디서 탈을 얻었는가?

① 그것은 익살스럽게 보인다. ② 그는 그것을 매우 좋아한다. ③ 그는 가게에서 그것을 샀다. ④ 그의 친구가 그에게 그것을 주었다.

해설 Tim은 한국인 친구에게서 생일 선물로 탈을 받았다고 했으므로, 그 탈을 어디에서 얻었느냐는 질문에 가장 적절한 답은 ④이다.

**서답형 1** 출제 의도 **빈칸 완성**

질문: 대화에 따르면, Tim은 그 탈을 가지고 무엇을 할 것인가?

대답: 그는 그것을 쓰고 학교 축제에서 춤을 출 것이다.

**서답형 2** 출제 의도 **빈칸 완성**

M: Hey, look at that sign!

W: What does it say? I can't read English.

M: It says that you're not supposed to feed the animals.

W: Oh, I guess I made a mistake!

남: 이봐, 저 표지판을 봐!

여: 뭐라고 쓰여 있는데? 나는 영어를 못 읽어.

남: 동물에게 먹이를 주지 말라고 쓰여 있어.

여: 아, 나 실수한 것 같아!

해설 남자가 표지판에 동물에게 먹이를 주지 말라고 쓰여 있다고 했으므로, 빈칸에는 feed가 들어가야 한다.

**11** 출제 의도 **지칭 추론**

사람들은 이것을 아침이나 식사 후에 마신다. 이것은 검은색이고 향기가 좋다. 오늘날, 이것은 주로 남아메리카의 브라질이나 콜롬비아에서 온다.

해설 사람들이 아침이나 식사 후에 마시고 검은색의 향이 좋은 음료는 커피이므로 ④가 알맞다.

**12** 출제 의도 **빈칸 완성**

A: 난 너랑 같이 박물관에 가지 못할 것 같아. 대신 도서관에 가야 할 것 같아.

B: 왜? 동아리 공부 모임이 있니?

A: 아니, 과학 보고서 때문에 책을 빌려야 하거든.

B: 이봐, 이것은 내가 예전에 구매한 책이야. 난 다 읽었으니까 네가 읽어도 돼.

A: 오, 고마워. 그러면 오늘 우리 박물관에 갈 수 있겠어!

① 미안해. 다음에 같이 가자. ③ 온라인에서 표를 살 수 있어. ④ 도서관에서 그 책을 빌릴 수 있어.

해설 A가 책을 빌리러 도서관에 가야 해서 박물관에 같이 갈 수 없다고 하자 B는 예전에 구매한 책이라고 말하고, 이어서 A가 고마움을 표하며 함께 박물관에 갈 수 있겠다고 답하는 것으로 보아, B가 A에게 그 책을 빌려주겠다고 말한 것을 알 수 있다.

**13** 출제 의도 **어울리지 않는 문장 고르기**

추수감사절은 아주 특별한 미국의 명절이다. 사람들은 11월 넷째 주 목요일에 이날을 축하한다. 사람들은 가족 및 친구들과 함께 시간을 보낸다. (몇몇 대학생들은 이 명절 직후에 시험을 치른다.) 추수감사절에 사람들은 아주 푸짐한 식사를 한다. 식사의 중심은 칠면조이다. 그들은 또한 으깬 감자, 옥수수 빵 등을 먹는다.

해설 미국의 특별한 명절인 추수감사절에 가족, 친구들과 함께 푸짐한 식사를 하는 전통에 관한 내용이므로, 이 명절 직후에 일부 대학생들이 시험을 치른다는 내용의 ③은 글의 흐름과 관계가 없다.

**14** 출제 의도 **세부 정보 파악하기**

*Lazy Susan*(게으른 Susan)은 식탁 위에 놓인 회전하는 접시이다. 그것은 커다란 테이블에 앉아 있는 많은 사람들이 더 쉽게 음식에 접근할 수 있도록 돕는다. 그것은 크기와 모양이 다양하지만, 대개 둥근 모양이다. 그것은 유리, 나무, 강철 등으로 만들어진다. 당신은 *Lazy Susan*을 주로 중국 식당에서 찾을 수 있다.

해설 *Lazy Susan*(게으른 Susan)이 큰 테이블에 앉은 사람들이 쉽게 음식에 접근할 수 있게 도와주고, 대개 둥근 모양이며 유리와 나무, 강철 등으로 만들어진다고 설명하고 있으나, 그에 대한 유래는 언급되어 있지 않으므로 ④가 알맞다.

[15, 서답형 3]

Emily, Sue, 그리고 Linda는 모두 다른 나라에 사는 중학생들이다. 그들은 일요일마다 다른 일을 한다. Emily는 일본의 도쿄에 산다. 그녀는 일요일마다 아버지와 함께 테니스를 치러 체육관에 간다. 그녀의 아버지는 "너는 곧 훌륭한 테니스 선수가 될 거야."라고 말씀하신다. Sue는 한국의 서울에 산다. 일요일마다 그녀는 여동생과 함께 제빵 수업을 듣는다. 그들은 초콜릿 쿠키, 케이크 등을 만든다. Linda는 미국의 LA에 산다. 그녀는 요즘 자원봉사 활동에 관심이 있다. 그녀는 일요일마다 친구들과 함께 병원에 자원봉사 활동을 하러 간다.

**15** 출제 의도 내용 일치

해설 Linda는 친구들과 일요일마다 병원에 자원봉사를 하러 간다고 했으므로 글의 내용과 일치하는 것은 ④이다.

**서답형 3** 출제 의도 빈칸 완성

(1) 일요일마다, Emily는 <u>테니스를 치기</u> 위해 체육관에 간다.
(2) 일요일마다, Sue는 여동생과 함께 <u>제빵 수업</u>을 듣는다.
(3) 일요일마다, Linda는 병원에 <u>자원봉사 활동</u>을 하러 간다.

**16** 출제 의도 빈칸 완성

Lily: 비 오는 날에 뭐 하는 것을 좋아하니?
유라: 나는 침대에 누워서 영화 보는 것을 좋아해. 비 오는 날에는 게을러지거든! 너는 어떠니?
Lily: 믿을지 모르겠지만, 나는 빗속을 걷는 것을 좋아해.
유라: 정말? 젖지 않니?
Lily: 약간 젖지. 하지만 상관 안 해. 정말 재미있거든. 다음에 같이 가지 않을래?
유라: 아니야, 괜찮아. 나는 침대에 누워있을래.
→ 유라는 비 오는 날에 <u>침대에 누워있는 것</u>을 좋아하는 반면 Lily는 <u>빗속을 걷는 것</u>을 좋아한다.

해설 유라는 비 오는 날에 침대에 누워 영화를 보는 것을 좋아한다고 했고, Lily는 빗속을 걷는 것을 좋아한다고 했으므로 ②가 알맞다.

**서답형 4** 출제 의도 빈칸 완성

운동이 당신을 건강하게 하는 것은 사실이다. 건강을 유지하는 가장 좋은 방법은 유산소 운동을 하는 것이다. 이러한 운동은 심장과 폐가 잘 기능하게 한다. 달리기, 춤추기, 수영, 줄넘기는 모두 효과적인 유산소 운동이다. 운동

을 하기 전에 반드시 준비 운동을 해라. 무릎을 굽히거나 발끝에 손을 닿게 해라. 한쪽 발뒤꿈치를 뒤로 빼면서 근육을 쭉 펴라.
→ 운동을 하는 것은 당신을 <u>건강하게</u> 한다.

해설 유산소 운동과 준비 운동에 관해 설명하면서 운동이 당신을 건강하게 만든다고 말하고 있으므로 빈칸에 들어갈 알맞은 말은 healthy이다.

---

| pp. 38~43 | | | 학업성취도 평가 1회 |
|---|---|---|---|
| 1 ③ | 2 ② | 3 ① | 4 ⑤ |
| 5 ④ | 6 ④ | 7 ① | 8 ④ |
| 9 ④ | 10 ② | 11 ② | |
| 서답형 1 (b)irthday (p)resent | | 12 ① | 서답형 2 9 |
| 13 ⑤ | 14 ④ | 15 ② | 16 ④ |
| 서답형 3 live longer | | 17 ② | 18 ③ |
| 서답형 4 law, Mathematics | | 19 ③ | |
| 서답형 5 On earth, the people lived without fire. | | | |

[ 선다형 1번~12번과 서답형 1번~2번 ] 듣기 문제

**1** 출제 의도 그림 고르기

W: What's your favorite fruit, Jason?
M: I like oranges and bananas. How about you?
W: I like them, too. Actually I like all kinds of fruit except grapes and watermelons.
M: Why not?
W: I don't like the seeds.
M: I don't like the seeds either, but I like grapes and watermelons.
여: 네가 좋아하는 과일은 뭐니, Jason?
남: 나는 오렌지와 바나나를 좋아해. 너는 어때?
여: 나도 그것들을 좋아해. 사실 나는 포도와 수박을 제외

한 모든 종류의 과일을 좋아해.

남: 왜 안 좋아해?

여: 나는 씨를 좋아하지 않아.

남: 나도 씨를 좋아하지는 않지만, 포도와 수박은 좋아해.

해설 여자는 씨 때문에 포도와 수박을 좋아하지 않는다고 했으므로 ③이 알맞다.

**2** 출제 의도 이유 고르기

M: You don't look happy. Why are you disappointed?

W: I want to be a wonderful pianist like you, but I failed the piano competition. Do you think I should give up?

M: No. Practice hard every day and you'll get better and better. It's important to keep trying.

W: Okay, I'll try. Thank you for your advice.

남: 기분이 안 좋아 보이네요. 왜 실망하고 있나요?

여: 저는 당신처럼 훌륭한 피아니스트가 되고 싶은데, 피아노 대회에서 떨어졌어요. 제가 포기해야 한다고 생각하시나요?

남: 아니요. 매일 열심히 연습하면 점점 더 나아질 거예요. 계속 노력하는 것이 중요해요.

여: 네, 노력해 볼게요. 조언해 주셔서 감사합니다.

해설 실망한 이유를 묻는 남자의 질문에 여자는 피아노 대회에서 떨어졌다고 말하고 있다.

**3** 출제 의도 주장 파악하기

M: How much of the Earth's surface is water?

W: About 70 percent. Land covers about one third of the Earth's surface.

M: Did you know that there's not enough freshwater for everyone?

W: Sure. Many countries are suffering from water shortages. That's why we should save water.

M: You're right. We should not waste water.

남: 지구 표면의 어느 정도가 물이니?

여: 70퍼센트 정도야. 육지는 지구 표면의 1/3 정도를 덮고 있지.

남: 모두가 마실 수 있는 물이 충분하지 않다는 것을 알았니?

여: 그럼. 많은 국가들이 물 부족으로 고생하고 있어. 그래서 우리가 물을 아껴야 하는 거야.

남: 네 말이 맞아. 우리는 물을 낭비해서는 안 돼.

해설 물이 부족하므로 물을 아끼자고 이야기하고 있다.

**4** 출제 의도 설명하는 것 고르기

W: This is the most popular sport in the U.S. One player throws a ball very fast and another player from the other team tries to hit the ball with a bat. If a player hits the ball very far then it is called a homerun.

여: 이것은 미국에서 가장 인기 있는 운동이다. 한 선수가 공을 아주 빠르게 던지면 다른 팀의 선수는 그 공을 방망이로 치려고 한다. 한 선수가 공을 아주 멀리 치면 그것은 홈런이라고 불린다.

해설 야구에 대해 설명하는 내용이다.

**5** 출제 의도 관계 파악하기

M: May I help you?

W: Yes, please. I dropped my cell phone into some water.

M: Oh, that's too bad.

W: I know. But can you fix it?

M: I don't know until I take it apart. Did you turn it on?

W: No, I didn't.

M: That's good. You should not turn it on when it is wet.

남: 도와드릴까요?

여: 네, 도와주세요. 저는 휴대 전화를 물에 빠뜨렸어요.

남: 오, 안됐군요.

여: 그래요. 그런데 고칠 수 있을까요?

남: 휴대 전화를 분해해 보기 전까지는 모르겠어요. 전원을 켜셨나요?

여: 아니요.

남: 잘하셨네요. 젖어 있을 때 전원을 켜면 안 되거든요.

해설 고장 난 휴대 전화를 수리하려는 고객과 수리 기사가 나누는 대화이다.

**6** 출제 의도 대화의 주제 고르기

M: Semi, Minho is moving to Sydney in Australia next week. How are you feeling?

W: I'm sad. I'm going to miss him a lot.

M: I'm sad, too, but I'm also happy. We can visit Sydney. He is going to invite us. He promised.

W: That's great! I'm glad to have a chance to

travel to a new country.

M: Me, too.

남: 세미야, 민호가 다음 주에 호주의 Sydney로 이사 간대. 기분이 어떠니?

여: 슬퍼. 그 애가 많이 보고 싶을 거야.

남: 나도 슬퍼, 하지만 기쁘기도 해. 우리는 Sydney를 방문할 수 있잖아. 그가 우리를 초대할 거야. 그가 약속했어.

여: 그거 굉장하다! 새로운 나라로 여행할 기회를 얻게 되어 기뻐.

남: 나도 그래.

**해설** 호주로 이민 가는 친구에 대해 이야기하고 있다.

---

**7** 출제 의도 **그림 고르기**

W: What do you think of the cooking club?

M: I think it's the right club for me. I want to learn how to cook delicious food.

W: I'll join it, too.

M: That's good.

W: When is the first meeting?

M: Next Tuesday. I can't wait for the first meeting!

여: 요리 동아리에 대해 어떻게 생각하니?

남: 내게 맞는 동아리라고 생각해. 나는 맛있는 음식을 요리하는 법을 배우고 싶어.

여: 나도 거기에 가입할 거야.

남: 잘됐다.

여: 첫 번째 모임이 언제니?

남: 다음 주 화요일. 나는 첫 번째 모임이 몹시 기다려져!

**해설** 요리 동아리가 자신에게 맞는 동아리인 것 같다는 남자의 말에 여자도 그 동아리에 가입할 것이라고 했으므로 두 사람은 요리 동아리에 가입할 것이다.

---

**8** 출제 의도 **세부 정보 파악하기**

M: Good afternoon, and welcome to Jello's Chocolate Factory. I'm happy to be able to show you around the factory today. First, we'll watch a short movie on the history of Jello's Chocolate Factory. After that, we'll take a tour and see how the chocolate is made. It will take about 40 minutes. Finally, we'll have a chance to taste some chocolate and you will be able to buy some souvenirs. Okay, let's get started!

남: 안녕하세요, Jello의 초콜릿 공장에 오신 것을 환영합니다. 오늘 저희 공장을 보여드릴 수 있게 되어 매우 기쁩니다. 우선, 우리는 Jello의 초콜릿 공장의 역사에 관한 짧은 영화를 볼 것입니다. 그 후에 우리는 견학을 하면서 초콜릿이 어떻게 만들어지는지 둘러볼 것입니다. 40분 정도 걸릴 것입니다. 마지막으로, 초콜릿을 맛보고 기념품을 사실 기회가 있을 것입니다. 그럼, 시작하겠습니다!

**해설** 초콜릿 공장 견학 과정에 대해 안내하는 내용이다. 먼저 초콜릿 공장의 역사에 관한 영화를 보고, 초콜릿이 어떻게 만들어지는지 공장을 둘러본 뒤, 마지막에 초콜릿을 맛보고 기념품을 살 수 있을 것이라고 했다. 초콜릿 만들기에 관한 내용은 언급되지 않았다.

---

**9** 출제 의도 **마지막 말에 이어질 응답 고르기**

W: You don't look happy. What's the matter?

M: My team lost the soccer game because of my mistake.

W: Come on. Everyone makes mistakes.

M: Do you think I should practice more?

W: _____

여: 너는 기분이 좋아 보이지 않는구나. 무슨 일이니?

남: 내 실수 때문에 우리 팀이 축구 경기에서 졌어.

여: 괜찮아. 모든 사람은 실수하기 마련이야.

남: 내가 더 연습해야 한다고 생각하니?

여: 음, 그래. 너도 알다시피, 연습이 완벽을 만들잖아.

① 응, 나는 지난번보다 훨씬 더 많이 연습했어.

② 정말? 그 말을 들으니 유감이구나.

③ 걱정하지 마. 내가 다음번에는 더 잘할게.

⑤ 네가 나라면, 연습을 더 많이 하겠니?

**해설** 연습을 더 하는 것에 대해 조언을 구하고 있으므로, 연습이 중요하다는 내용의 응답이 오는 것이 자연스럽다.

---

**10** 출제 의도 **세부 정보 파악하기**

M: What are you planning to do this weekend?

W: I'm planning to go to the library to prepare for the exam.

M: You mean our school library? I want to study with you.

W: Great. Can you make it at 10 a.m. this Saturday?

M: Sure. See you then.

남: 이번 주말에 무엇을 할 계획이니?

여: 나는 시험을 준비하러 도서관에 갈 계획이야.

남: 우리 학교 도서관을 말하는 거니? 나도 너와 함께 공부하고 싶어.

여: 좋아. 이번 주 토요일 오전 10시에 올 수 있니?

남: 물론이지. 그때 봐.

**질문:** 그들은 왜 도서관에 갈 계획인가?

**대답:** <u>시험공부를 하기 위해.</u>

① 책을 반납하기 위해. ③ 자원봉사 활동을 하기 위해. ④ 정보를 찾기 위해. ⑤ 과제를 준비하기 위해.

## 11 출제 의도 심경 파악하기

W: Did you hear the news?

M: What news?

W: You are the winner of the drawing contest.

M: Really? When did you hear the news?

W: I heard the news a while ago. Congratulations!

M: Thanks a lot.

여: 소식 들었니?

남: 무슨 소식?

여: 네가 그림 대회의 우승자래.

남: 정말? 그 소식을 언제 들었니?

여: 조금 전에 그 소식을 들었어. 축하해!

남: 정말 고마워.

해설 남자는 그림 대회에서 우승했다는 소식을 들어서 기분이 아주 좋을 것이다.

## 서답형 1 출제 의도 빈칸 완성

W: How are you feeling today?

M: I'm very glad to get a present for my birthday.

W: What is the present?

M: It's this remote control car, which my uncle sent for my birthday.

W: Wow! I wonder how fast it can go.

M: Let me show you.

W: Thank you.

여: 오늘 기분이 어때?

남: 생일 선물을 받아서 아주 기뻐.

여: 선물이 뭔데?

남: 이 무선 조종 자동차인데, 삼촌이 내 생일에 보내 주셨어.

여: 와! 그게 얼마나 빨리 갈 수 있는지 궁금해.

남: 내가 보여 줄게.

여: 고마워.

해설 남자는 삼촌에게 생일 선물을 받고 기뻐하고 있다.

[12, 서답형 2]

M: Welcome to King's Burger. May I help you?

W: Yes. I'd like to have a cheeseburger and French fries.

M: Anything else?

W: An orange juice, please. How much are they?

M: The cheeseburger is 4 dollars, French fries are 3 dollars and the orange juice is 2 dollars.

W: Okay. Here you go.

M: Thank you.

남: King's 버거에 오신 것을 환영합니다. 도와드릴까요?

여: 네. 치즈버거 한 개와 감자튀김을 주세요.

남: 더 주문하실 게 있나요?

여: 오렌지 주스 한 잔 주세요. 얼마인가요?

남: 치즈버거는 4달러. 감자튀김은 3달러, 오렌지 주스는 2달러입니다.

여: 네. 여기 있습니다.

남: 감사합니다.

## 12 출제 의도 장소 찾기

해설 치즈버거와 감자튀김 등을 주문하는 상황이므로 패스트 푸드점이 알맞다.

## 서답형 2 출제 의도 빈칸 완성

**질문:** 여자는 얼마를 지불해야 하는가?

**대답:** 그녀는 총 <u>9</u>달러를 지불해야 한다.

해설 치즈버거가 4달러, 감자튀김이 3달러, 오렌지 주스가 2달러이므로 총 9달러를 지불해야 한다.

## 13 출제 의도 심경 파악하기

어제 엄마와 아빠는 내 성적표를 보고 기뻐하셨다. 우리는 저녁을 먹으러 패밀리 레스토랑에 갔다. 식당은 조용했고 좌석은 편안했다. 하지만 즐거운 시간은 오래가지 않았다. 몇몇 소녀들이 들어와서 내 뒤의 자리에 앉아 시끄럽게 떠들었다. '저 애들은 예의가 없어. 내가 한마디 해야 하겠어.' 나는 생각하고 일어섰다. 하지만 내가 돌아섰을 때, 그 애들이 내 옛 친구들이라는 것을 알았다. 나는 뭐라고 말해야 할지 몰랐다.

해설 시끄럽게 떠드는 사람들 때문에 화가 났지만 그들이 옛 친구들임을 알고 난 뒤 당황했을 것이다.

**14** 　출제 의도　세부 정보 파악하기

| 미합중국 사증 | |
| --- | --- |
| 발급청명: 서울 | 관리 번호: 20221234567800 |
| 성: 김 | 비자 유형: R　　등급: F1 |
| 이름: 민호　성별: 남 | 생년월일: 1997년 1월 1일 |
| 여권 번호: S0123456 | 발급 일시: 2022년 5월 5일 |
| | 만료 기간: 2027년 5월 4일 |

　해설　입국 횟수에 관한 정보는 드러나 있지 않다.

**15** 　출제 의도　요지 찾기

　새의 이름이 서로 다른 습관을 가진 사람들에게 사용될 수 있습니다. 당신은 아침에 일찍 일어나는 사람입니까? 그럼 당신은 '종달새'입니다. 당신은 밤에 늦게 자고 오후에 일어나는 사람입니까? 그럼 당신은 '올빼미'라고 불리는 유형의 사람입니다. 어느 집단이 더 나을까요? 정답은 없습니다. 어떤 집단에 당신이 속하더라도, 당신의 시간을 최대한 활용하도록 하세요.
① 당신은 아침에 일찍 일어나야 한다. ② 시간을 유용하게 사용하라. ③ 당신은 다른 사람들의 습관을 따라야 한다. ④ 하루를 천천히 시작하는 것이 훨씬 더 좋을 것이다. ⑤ 종달새는 올빼미보다 훨씬 더 빨리 날 수 있다.

　해설　마지막 문장에서 두 집단의 차이에 관계없이 자신의 시간을 잘 활용하라는 요지가 드러나 있다.

**16** 　출제 의도　빈칸 완성

　어떤 농구 선수들은 덩크슛을 할 때 어떻게 공중에 그토록 오래 머무를 수 있을까? 그들은 어떤 과학 법칙도 어기고 있는 것이 아니다. 선수가 얼마나 높이 점프하는지는 그가 점프할 때 얼마나 많은 힘을 사용해서 바닥을 밀어내는지에 달려 있다. 더 세게 밀어낼수록 더 높이 올라가게 되고 공중에 더 오래 머무르게 되는 것이다. 그 선수에게는 아주 강력한 밀어냄(push-off)이 있기 때문에 아주 높이 뛰어오를 수 있는 것이다.

　해설　(A)는 바닥을 밀어내는 '힘'이 알맞고, (B)는 '강력한' 밀어냄이 알맞다.

**서답형 3** 　출제 의도　빈칸 완성

복제 기술

　복제 생물은 원형과 동일한 유전자를 갖고 있다. 과학자들은 이미 양, 소, 돼지, 쥐, 말 등을 포함한 수많은 종류의 동물들을 복제했다. 복제는 몇 가지 장점이 있다. 첫째로, 멸종 위기에 처한 동물들이 얼마 남지 않은 경우 그 동물들을 구할 수 있다는 점이다. 둘째로, 예를 들어, 말을 빠르게 만드는 유전자 같은 좋은 유전자들을 보존할 수 있다. 셋째로, 복제 기술을 이용하여 귀여운 반려동물이 더 오래 살 수 있게 할 수 있다.

남: 복제에 관한 기사를 읽어 봤니?

여: 응. 멸종 위기에 처한 동물들을 구할 수 있다고 읽었어.

남: 맞아. 복제 기술을 이용하여 귀여운 반려동물이 더 오래 살 수 있게 할 수도 있어. 나는 나의 반려동물과 오랫동안 함께 살고 싶어.

　해설　자신의 반려동물과 오랫동안 함께 살고 싶다는 말이 이어지므로, 반려동물이 더 오래 살 수 있게 한다는 내용이 자연스럽다.

**17** 　출제 의도　속담 고르기

　내 남동생 Sam은 키가 아주 작고 약했다. 그에게는 친구가 몇 명밖에 없었다. 그는 운동에 흥미를 잃었다. 나의 어머니는 그 애가 스스로에게 더 자신감을 갖기를 바라셨다. 어머니는 동생에게 수영하는 법을 가르치기 시작하셨다. 처음에 그는 수영장 안에서 수영하기를 두려워했다. 어머니는 고집 센 트레이너였다. 곧 동생은 혼자서 수영을 할 수 있었다. 6개월 만에 Sam은 마침내 수영 대회에서 상을 탔다. "제가 해냈어요!" 그는 기뻐서 소리쳤다.
① 고요한 물이 깊게 흐른다. ② 노력하면 완벽해진다. ③ 사람이 많으면 일이 쉬워진다. ④ 깃털이 같은 새들끼리 모인다. ⑤ 물에 빠진 사람은 지푸라기라도 잡으려고 한다.

　해설　꾸준한 노력으로 수영 대회에서 상을 타게 됐다는 이야기이므로 '노력하면 완벽해진다.'라는 속담이 가장 어울린다.

**18** 　출제 의도　밑줄 친 부분의 의미 파악

　나의 학급은 수학 시험을 치렀다. 문제들 중 일부는 풀기 힘들었다. 답안지를 채우는 데 시간이 너무 많이 걸렸다. 나는 안절부절못하다가 실수를 했다. 나는 다른 OMR 카드를 받기 위해 손을 들었다. "이리 나와서 카드를 교환하렴." 선생님이 말씀하셨다. 잠시 후에 나는 또 실수를 했다. 나는 절망적으로 선생님을 바라보았다. "여분의 OMR 카드 수가 제한되어 있다는 것을 네가 알면 좋겠구나." 선생님은 다른 카드를 내게 내미시면서 말씀하셨다.
① 여기 여분의 카드가 있다. ② 나는 너에게 많은 카드를 줄 것이다. ③ 다시는 실수를 하지 마라. ④ 와서 카드를 교환해라. ⑤ 실수하는 것을 두려워하지 마라.

　해설　'더 이상 실수를 하지 말라'는 의미의 말을 완곡하게 표현한 것이다.

**서답형 4** 　출제 의도　빈칸 완성

학생들에게 대학교에 간다면 공부하고 싶은 전공에 대

해 물어보았다. 상위 10개는 다음과 같다.

1. 법학   2. 의학   3. 체육이나 스포츠 과학
4. 영어나 영문학   5. 드라마나 연극학
6. 미술과 디자인   7. 심리학   8. 컴퓨터나 정보 기술
9. 사업과 경영   10. 수학

법학이 가장 인기 있는 전공이다. 의학은 <u>법학</u>보다 인기가 적다. <u>수학</u>이 가장 인기 없는 전공이다.

## [19, 서답형 5]

옛날에는 Olympus 산의 신들에게만 불이 있었다. 지상에서 사람들은 불 없이 살았다. 밤에 그들을 따뜻하게 해 줄 것이 아무것도 없어서, 그들은 암흑 속에서 힘든 시간을 보냈다. (B) Prometheus라고 불리는 한 용감한 거인이 이것에 대해 안타까워했다. 그는 신들에게서 불을 훔쳤고 그것을 지상의 사람들에게 갖다 주었다. (C) 신들의 왕인 Zeus는 Prometheus에게 화가 났다. 징벌로서, Zeus는 그를 끊어지지 않는 사슬로 바위에 묶었다. (A) 날마다 무시무시한 독수리가 날아와서 불쌍한 Prometheus의 몸을 찢고 할퀴었다.

**19** 〔출제 의도〕 글의 순서 파악하기

〔해설〕 '불이 없는 인간들의 고생스러움 → Prometheus의 선행 → Zeus의 분노 → Prometheus가 벌을 받는 상황'의 순서가 되어야 글의 흐름이 자연스럽다.

**서답형 5** 〔출제 의도〕 대명사의 의미 파악

〔해설〕 this는 주어진 글의 두 번째 문장의 내용을 의미한다.

| pp. 44~49 | | | 학업성취도 평가 2회 |
|---|---|---|---|
| 1 ⑤ | 2 ③ | 3 ④ | 4 ② |
| 5 ④ | 6 ② | 7 ④ | 8 ③ |
| 9 ③ | 10 ① | 11 ⑤ | 12 ⑤ |
| 서답형 1 (g)ames 서답형 2 subway | | | 13 ⑤ |
| 14 ④ | 15 ① | 16 ② | 17 ① |
| 18 ④ | 서답형 3 enough food | | 19 ④ |
| 서답형 4 bike sharing 서답형 5 (예시 답) I felt good(excited) | | | |

**1** 〔출제 의도〕 그림 고르기

M: Excuse me. How can I get to Green Gallery?

W: Well, the gallery is far away from here.

M: Can I go there by subway or taxi?

W: There's no subway station around here and taking a taxi will cost too much.

M: Can I take a bus to the gallery?

W: Yes. Cross the street and take the number 5 bus.

M: Number 5 bus? Thank you so much.

남: 실례합니다. Green 미술관에는 어떻게 가나요?

여: 음, 그 미술관은 여기에서 멀어요.

남: 지하철이나 택시를 타고 갈 수 있나요?

여: 이 근처에는 지하철역이 없고 택시를 타면 요금이 많이 나올 거예요.

남: 미술관에 버스를 타고 갈 수 있나요?

여: 네. 길을 건너서 5번 버스를 타세요.

남: 5번 버스요? 정말 감사합니다.

〔해설〕 Can I take a bus to the gallery?라는 남자의 물음에 여자가 Yes.라고 대답했다.

**2** 〔출제 의도〕 요지 찾기

W1: You look worried.

W2: What's wrong, Minsu?

M: I got a bad grade on my history test.

W1: I'm sorry to hear that.

M: Grades stress me out. I want to get better grades but I don't know how.

W1: Why don't you watch history dramas?

W2: I think you should read history books.

M: All right. I'll give it a try.

여1: 너 걱정스러워 보여.

여2: 민수야, 무슨 일 있어?

남: 나는 역사 시험에서 안 좋은 성적을 받았어.

여1: 그것 참 안됐구나.

남: 성적 때문에 스트레스 받아. 나는 좀 더 나은 점수를 받고 싶은데 방법을 모르겠어.

여1: 역사 드라마를 보는 건 어때?

여2: 역사책을 읽으면 좋을 것 같아.

남: 그래. 시도해 볼게.

〔해설〕 Grades stress me out. I want to get better grades but I don't know how.로 보아 남자는 성적 때문에 스트레스를 받고 있다.

**3** 출제 의도 **장소 찾기**

W: This is a building where a large number of interesting objects are kept. The objects are cultural, historical, or scientific. Generally, they are put on display for people to see. People can visit this building and see different exhibitions of the objects.

여: 이것은 많은 흥미로운 물건들이 보관되어 있는 건물이다. 그 물건들은 문화적, 역사적, 또는 과학적인 것이다. 일반적으로 그것들은 사람들이 볼 수 있게 전시된다. 사람들은 이 건물을 방문하여 그 물건들의 다양한 전시를 볼 수 있다.

해설 문화적, 역사적 또는 과학적인 물건들이 전시되어 있는 장소를 고른다.

**4** 출제 의도 **시각 고르기**

M: Why don't we go downtown and take a look at some books?

W: That's a good idea. There are some books and magazines I want to buy.

M: Good. Can you make it at three?

W: I think it's too late. How about meeting one hour earlier?

M: That's fine with me.

남: 시내에 가서 책을 좀 보면 어때?

여: 그거 좋은 생각이야. 나는 사고 싶은 책과 잡지가 좀 있거든.

남: 좋아. 3시에 만날까?

여: 너무 늦은 것 같아. 한 시간 더 일찍 만나면 어때?

남: 난 괜찮아.

해설 3시에 만나자는 남자의 제안에 여자는 1시간 더 일찍 만나자고 했다.

**5** 출제 의도 **순서 배열하기**

W: Hojun, can you help me?

M: What is it, Mom?

W: It's going to rain tonight. Can you close all the windows?

M: No problem. What about your bike?

W: I'll take care of it. Call Dad and tell him to drive carefully.

M: Okay, Mom.

W: Don't forget to feed the dog.

여: 호준아, 나 좀 도와주겠니?

남: 엄마, 그게 뭔데요?

여: 오늘 밤에 비가 온대. 모든 창문을 닫아주겠니?

남: 물론이죠. 엄마의 자전거는요?

여: 그건 내가 처리할게. 아빠한테 전화해서 조심해서 운전하시라고 하렴.

남: 네, 엄마.

여: 개에게 먹이 주는 것도 잊지 마렴.

해설 엄마는 호준이에게 모든 창문을 닫고 아빠한테 전화한 후 개에게 먹이를 주라고 말했다.

**6** 출제 의도 **방송의 목적 고르기**

M: Welcome to AB-Zoo. Please listen carefully and follow the rules. First, you're not supposed to feed the animals. Second, don't throw stones or trash at them. Lastly, you should not touch the animals. Enjoy your time at AB-Zoo. Thank you.

남: AB 동물원에 오신 것을 환영합니다. 잘 듣고 규칙을 따라 주세요. 첫 번째, 동물들에게 먹이를 주면 안 됩니다. 두 번째, 그들에게 돌이나 쓰레기를 던지지 마세요. 마지막으로 동물들을 만지면 안 됩니다. AB 동물원에서 좋은 시간 보내세요. 감사합니다.

해설 AB 동물원에서 주의해야 할 점을 안내하고 있다.

**7** 출제 의도 **날씨 고르기**

W: Good morning. I'm Eva Jackson. This is today's weather. It will be windy. The high temperature for today will be 21°C. The temperature is going to go down tonight. Tomorrow, we will have some rain in the morning. Thank you for joining us.

여: 안녕하세요. 저는 Eva Jackson입니다. 오늘의 날씨입니다. 바람이 많이 불겠습니다. 오늘 최고 기온은 21도가 되겠습니다. 기온은 오늘 밤부터 떨어지겠습니다. 내일 아침에는 비가 약간 오겠습니다. 함께해 주셔서 감사합니다.

해설 This is today's weather. It will be windy.로 보아 오늘은 바람이 많이 불 것이다.

**8** 출제 의도 **심정 파악하기**

W: Hi, Subin. I heard your soccer team is going to the final.

M: Yes. We have the final game tomorrow.

W: How do you feel about it?

M: I'm worried I won't score a goal.

W: I'm sure you'll do well. Good luck!

M: Thanks.

여: 수빈아, 안녕. 나는 네 축구팀이 결승전에 진출한다고 들었어.

남: 응. 내일 결승전이 있어.

여: 그것에 대해 기분이 어때?

남: 내가 골을 넣지 못할까봐 걱정이야.

여: 나는 네가 잘할 거라고 확신해. 행운을 빌어!

남: 고마워.

> **해설** 기분이 어떤지 묻는 여자의 질문에 남자는 I'm worried I won't score a goal.이라고 대답했다.

**9** **출제 의도** 마지막 말에 이어질 응답 고르기

M1: What's wrong with you?

W: I have a terrible headache.

M1: If I were you, I'd take some medicine and take a rest.

M2: If I were you, I'd go see a doctor.

W: _____

남1: 무슨 일 있니?

여: 나는 머리가 너무 아파.

남1: 내가 너라면, 나는 약을 먹고 쉴 거야.

남2: 내가 너라면, 나는 의사의 진찰을 받을 거야.

여: 그래. 충고 고마워.

① 물론이지. ② 나도 신나. ④ 그래. 너무 기대돼! ⑤ 그래, 내가 그것들을 가져갈게.

> **해설** 충고에 대한 적절한 응답을 고른다.

**10** **출제 의도** 마지막 말에 이어질 응답 고르기

W: May I take your order?

M: Yes. I'd like a hamburger, please.

W: Which do you prefer for the side dish, a salad or fries?

M: I prefer a salad.

W: Okay. Which do you like better, soda or juice?

M: _____

여: 주문하시겠어요?

남: 네. 햄버거 한 개 주세요.

여: 곁들임 요리로 샐러드와 감자튀김 중 어떤 게 더 좋으세요?

남: 샐러드가 더 좋아요.

여: 네. 음료는 탄산음료와 주스 중 어떤 게 더 좋으세요?

남: 탄산음료가 더 좋아요.

② 저는 피자를 좋아하지 않아요. ③ 좋아요. ④ 감사합니다. ⑤ 아, 죄송해요. 그걸 몰랐어요.

> **해설** 탄산음료와 주스 중 어떤 게 좋은지 말한 응답을 고른다.

**11** **출제 의도** 금액 고르기

W: May I help you?

M: Yes. These peaches look delicious. How much are they?

W: 800 won each.

M: Give me four, please.

W: Okay. Here you are.

M: Here is 4,000 won.

여: 제가 도와 드릴까요?

남: 네. 이 복숭아들이 맛있어 보이네요. 얼마인가요?

여: 1개 당 800원이에요.

남: 4개 주세요.

여: 네. 여기 있습니다.

남: 4,000원 드릴게요.

> **해설** 복숭아 1개의 가격은 800원이므로 복숭아 4개는 3,200원이다. 남자가 4,000원을 냈으므로 거스름돈은 800원이다.

**[12, 서답형 1]**

M: Today I'd like to talk about teens' free time activities. What do you usually do in your free time? I asked this question to 100 students in my school. One half of the students said they like playing games. Listening to music took second place with 20%. Next came watching videos with 18%. Only 7% of the students said they read books in their free time.

남: 오늘 저는 십 대들의 여가 활동에 대해 이야기하겠습니다. 여러분은 여가 시간에 주로 무엇을 하나요? 저는 우리 학교 100명의 학생들에게 이 질문을 했습니다. 학생들의 절반은 게임하는 것을 좋아한다고 말했습니다. 음악 듣기는 20퍼센트로 두 번째였습니다. 다음은 18퍼센트를 차지한 영상 보기였습니다. 단지 7퍼센트의 학생들이 여가 시간에 책을 읽는다고 말했습니다.

**12** **출제 의도** 제목 찾기

① 십 대들이 가장 좋아하는 게임들

② 십 대들의 일일 계획표

③ 십 대들이 가장 좋아하는 책들

④ 십 대 스트레스의 원인들

⑤ 십 대들의 여가 활동들

해설 Today I'd like to talk about teens' free time activities.
로 보아 도표의 제목은 Teens' Free Time Activities가 적절하다.

**서답형 1** 출제 의도 **빈칸 완성**

50명의 학생들은 여가 시간에 게임을 한다고 말했다.

해설 One half of the students said they like playing
games.로 보아 50명의 학생들이 게임을 한다는 것을 알 수 있다.

**서답형 2** 출제 의도 **질문에 대한 응답 완성**

**M:** Hurry up! We should leave now.

**W:** Okay. I'm ready. I'm so excited to go to the
concert.

**M:** So am I.

**W:** Which do you prefer to take, the bus or the
subway?

**M:** I prefer to take the subway.

**W:** Okay. Let's go by subway.

남: 서둘러! 우리는 지금 출발해야 해.

여: 응. 나는 준비됐어. 공연을 보러 가게 돼서 너무 신난다.

남: 나도 그래.

여: 버스와 지하철 중 어떤 것을 타는 게 더 좋니?

남: 나는 지하철 타는 게 더 좋아.

여: 그래. 지하철을 타고 가자.

해설 I prefer to take the subway.라는 남자의 말에 여자가
Okay.라고 했으므로 두 사람은 지하철을 타고 공연장에 갈 것이다.

**13** 출제 의도 **세부 정보 파악하기**

이 그림은 '별이 빛나는 밤'이라고 불린다. 그것은 위대
한 화가에 의해 그려졌다. 그의 이름은 Vincent van
Gogh였다. 그는 네덜란드 화가였는데, 작품에 독특한 선
과 색깔을 사용했다. 그 그림은 밤하늘을 보여주는데, 곡
선들이 있다. 그 선들은 빨리 움직이는 것처럼 보인다. 그
것을 보면 어지러움을 느낄지도 모른다.

해설 ① 그림의 제목: 별이 빛나는 밤

② 화가의 이름과 국적: Vincent van Gogh, 네덜란드

③ 화가의 화풍: 독특한 선과 색깔 사용

④ 그림의 소재: 밤하늘

⑤ 그림이 전시되어 있는 곳: 언급되어 있지 않음

**14** 출제 의도 **요지 찾기**

세계에서 극소수의 사람들이 성공을 위한 '타고난 재능'
을 가지고 있다. 좋은 성과를 만드는 능력은 보통 열심히
일하고 많은 실패를 몇 년 동안 겪고 나서야 찾아온다. 당
신이 최고 가수들의 성공 이야기를 듣는다면, 당신은 그들
중 대부분이 첫 공연에서 무척 긴장했다는 것을 알게 될
것이다. 이들은 자신이 해야 할 일을 함으로써 자신의 두
려움을 극복하려고 노력한다.

해설 좋은 성과를 만드는 능력은 몇 년간 열심히 일하고 많은
실패를 겪고 나서야 찾아온다고 언급하고 있다. 두려움과 실패를
극복하려고 노력하면 성공을 이룰 수 있다는 내용의 글이다.

**15** 출제 의도 **빈칸 완성**

코끼리의 조상은 매머드라고 알려져 있다. 그들의 골격
은 박물관에서 볼 수 있다. 마지막 빙하 시대 이후 기후가
점점 더 따뜻해져서 서식지가 급격히 변화되었기 때문이
다. 털복숭이 매머드와 다른 많은 종들이 충분한 양의 먹
이를 찾지 못했고, 따라서 멸종했다. 지금은 아프리카 코
끼리와 아시아 코끼리 두 종만 남아 있다.

② 더 따뜻해졌다 ③ 더 커졌다 ④ 빙하기가 끝났다 ⑤ 코
끼리가 되었다

해설 빈칸 앞에는 충분한 먹이를 찾을 수 없다고 했고 뒤에는
오직 두 종만이 남아 있다고 했으므로, 빈칸에는 털복숭이 매머
드와 다른 많은 종들이 '멸종했다(died out)'라는 말이 알맞다.

**16** 출제 의도 **지칭 추론**

당신이 영화를 만든다고 가정해 보자. 이야기는 200년
전에 당신의 마을에서 일어난 것에 관한 것이다. 당신은
거리에 카메라를 세우고 바로 찍기 시작할 것인가? 물론
아닐 것이다. 지난 200년 동안 많은 것들이 바뀌었다. 그
당시의 거리는 아마도 많이 다르게 보였을 것이다. 그러므
로 당신은 특별한 직업을 가진 사람들이 필요하다. 그들은
영화가 배경으로 하는 시대에 맞게 영화를 생생하게 보이
도록 해 준다.

해설 They make a movie look real for when it takes
place.로 보아 영화의 배경이 되는 세트를 제작하는 직업이다.

**17** 출제 의도 **주제 고르기**

영국 사람들은 전통적으로 4시쯤에 다과회를 즐겨왔다.
이것은 실제로 간단한 식사이지 단순한 음료가 아니다. 그
것은 샌드위치, 스콘과 케이크를 곁들인 차로 구성된다.
그것은 약 150년쯤 전에 인기를 얻기 시작했는데, 귀부인
들이 오후의 차 한 잔을 대접하기 위해 친구들을 집으로
초대했던 시기였다. 그들은 방문객들에게 샌드위치와 케

이크도 대접했다. 곧 모든 사람이 다과회를 즐겼다.

해설 영국 사람들이 즐기는 다과회는 무엇이며, 그것을 언제부터 즐기게 되었는지 설명하는 글이다.

18 출제 의도 문장 배치

우리는 때때로 시간이 너무 천천히 간다고 말한다. 다른 때에는 시간이 화살처럼 빠르다고 말한다. 실제로 얼마나 많은 시간이 지났는지 우리가 어떻게 알 수 있을까? 시간을 아는 가장 쉬운 방법은 아침에 해가 뜰 때와 저녁에 해가 질 때 태양을 보는 것이다. 그러나 사람들은 항상 더 정확하게 시간을 측정하고 싶어했다. 이것이 해시계의 발명을 이끌었다.

해설 시간을 아는 가장 쉬운 방법에 대해 언급한 후에 해시계의 발명에 관한 내용이 이어지므로, 사람들이 항상 더 정확하게 시간을 측정하고 싶어했다는 문장은 해시계의 발명을 이끌었다는 문장 앞에 오는 것이 자연스럽다.

서답형 3 출제 의도 빈칸 완성

동물들은 먹이에서 체온과 에너지를 얻는다. 어떤 동물들은 겨울에 충분한 먹이를 찾을 수 없다. 그래서, 그들은 겨울 내내 자야 한다. 그런 동물들은 가을에 많은 양의 먹이를 먹어야 한다. 그들의 몸은 이 먹이를 지방으로 저장한다. 그리고 나서 겨울에 그들은 잠에 빠져든다. 그들의 몸은 저장된 지방으로 유지된다. 자는 동안에는 몸이 아주 적은 양의 먹이를 필요로 하기 때문에, 겨울 동안 먹이를 먹지 않고도 살아남을 수 있다.

질문: 이 글의 요지는 무엇인가?
대답: 겨울 내내 잠을 자는 동물들은 가을에 충분한 먹이를 먹어야 한다.

[19, 서답형 4]

자전거 공유는 더 친환경적인 사회를 만드는 하나의 방법이다. 그것은 현재 전 세계 수백 개의 도시에서 인기가 있다. 가장 성공적인 프로그램 중 하나는 파리에서 시행되는 것이며, 그것의 성공에는 세 가지 이유가 있다. 첫째, 파리는 자전거 공유 프로그램을 신중하게 계획했다. 파리의 시 지도자들은 버스 정류장과 지하철역에 자전거를 편리하게 배치했다. 둘째, 시 지도자들은 자전거 공유 서비스를 싸게 제공했다. 셋째, 파리는 자전거 공유 프로그램을 현대적이고 유행인 것으로 소개했다. 자전거는 파리를 돌아다닐 수 있는 새롭고 멋진 방법으로 소개되었다.

19 출제 의도 제목 찾기
① 친환경적인 자전거 공유

② 자전거 공유가 도시에서 인기 있는 이유
③ 자전거 공유 프로그램의 모형들
④ 자전거 공유의 성공 모형
⑤ 파리 자전거 공유의 해결해야 할 문제점들

해설 가장 성공적인 자전거 공유 프로그램 중 하나인 파리에서 시행되는 프로그램을 소개하는 글이다.

서답형 4 출제 의도 빈칸 완성

파리 자전거 공유 프로그램은 전 세계의 자전거 공유 프로그램들을 계획하기에 좋은 모형이다.

서답형 5 출제 의도 빈칸 완성

나는 내 남동생과 함께 조부모님 댁을 방문했다. 그분들은 안동에서 사과를 기르신다. 우리는 아침 일찍 농장에 도착해서 사과를 따는 일을 도와드렸다. 사과를 따는 것은 힘든 일이었지만, 나는 기분이 좋았다[신이 났다].

해설 내용상 힘들었지만 '나는 좋았다'라는 말이 적절하다.

| pp. 50~57 | | 학업성취도 평가 3회 | |
|---|---|---|---|
| 1 ④ | 2 ③ | 3 ⑤ | 4 ① |
| 5 ① | 6 ④ | 7 ② | 8 ⑤ |
| 9 ③ | 10 ④ | 11 ④ | 12 ② |
| 서답형 1 (f)ood | 서답형 2 (s)earch | | 13 ③ |
| 14 ⑤ | 15 ① | 16 ③ | 17 ⑤ |
| 18 ⑤ | 19 ③ | 서답형 3 don't catch colds | |
| 서답형 4 keywords | | | |
| 서답형 5 (예시 답) I picked up some trash | | | |

[ 선다형 1번~12번과 서답형 1번~2번 ] 듣기 문제

1 출제 의도 그림 고르기

M: Hi, Nancy. What are you doing?

W: Hi, Jim. Come and look at my picture.

M: Oh, it's not easy to find you. Where are you?

W: Well, I have long, curly hair and I am wearing

glasses.

**M:** But your hair is shorter and you don't wear glasses now.

**W:** You know, people change.

**M:** I see. By the way, who is this?

**W:** Which one?

**M:** The tall girl next to you.

**W:** Oh, you mean my cousin, Sally.

남: 안녕, Nancy. 뭐 하는 중이니?

여: 안녕, Jim. 와서 내 사진을 봐.

남: 오, 너를 찾기가 쉽지 않네. 너는 어디에 있어?

여: 음, 나는 긴 곱슬머리이고 안경을 끼고 있지.

남: 하지만 지금 네 머리는 더 짧고 안경도 쓰고 있지 않잖아.

여: 너도 알다시피 사람들은 변하잖아.

남: 그렇지. 그런데 이 사람은 누구야?

여: 어떤 사람?

남: 네 옆에 있는 키 큰 소녀 말이야.

여: 아, 내 사촌 Sally를 말하는구나.

해설 사진 속의 Nancy는 긴 곱슬머리에 안경을 쓰고 있다고 했으므로 ④가 알맞다.

---

**2** 출제 의도 그림 고르기

**W:** May I help you?

**M:** Yes, I want to buy a shirt.

**W:** How about this one?

**M:** I don't like shirts with English letters.

**W:** Then how about this one with an animal's picture?

**M:** That's cute, but I'm looking for a short-sleeved shirt.

**W:** We have a short-sleeved shirt with a cat's picture on it.

**M:** Okay, I'll take it.

여: 도와드릴까요?

남: 네, 셔츠를 사려고 해요.

여: 이 셔츠는 어떠세요?

남: 저는 영어가 쓰여 있는 셔츠를 좋아하지 않아요.

여: 그렇다면 동물 그림이 있는 이것은 어떠세요?

남: 그것은 귀엽지만, 저는 반소매 셔츠를 찾고 있어요.

여: 고양이 그림이 있는 반소매 셔츠가 있어요.

남: 네, 그걸로 할게요.

해설 남자는 영어가 쓰인 셔츠를 싫어하고, 고양이 그림이 그려진 반소매 셔츠를 산다고 했으므로 ③이 알맞다.

---

**3** 출제 의도 세부 정보 파악하기

**W:** Look, I made a kite.

**M:** It looks nice!

**W:** I think so, too. By the way, do you know where kites come from?

**M:** Mongolia or Japan?

**W:** No. It is believed that kites were flown in China more than two thousand years ago.

**M:** Wow! I can't believe it.

여: 봐, 나는 연을 만들었어.

남: 그것 참 멋지다!

여: 나도 그렇게 생각해. 그런데, 너는 연이 어디에서 기원했는지 아니?

남: 몽골이나 일본?

여: 아니야. 2천여 년 전에 중국에서 연을 날렸던 것으로 보여.

남: 와! 믿을 수 없어.

해설 여자의 말 'It is believed ~.'를 듣고 남자가 놀라는 것으로 보아, 남자는 2천여 년 전에 중국인들이 연을 날렸다는 사실을 새롭게 알게 되었음을 알 수 있다.

---

**4** 출제 의도 장소 찾기

**M:** Good morning, ma'am.

**W:** Good morning. Wow, it's pretty cold today.

**M:** Yeah. It's freezing outside. Where to, ma'am?

**W:** To the airport. How long will it take?

**M:** About 25 minutes.

**W:** Okay. Please hurry up.

**M:** Sure. Fasten your seat belt, please.

남: 어서 오세요, 손님.

여: 좋은 아침입니다. 와, 오늘은 꽤 춥네요.

남: 네. 밖이 꽁꽁 얼었네요. 어디로 모실까요, 손님?

여: 공항으로 가 주세요. 얼마나 걸릴까요?

남: 25분 정도요.

여: 좋아요. 빨리 가 주세요.

남: 네. 안전띠를 매 주세요.

해설 Where to, ma'am?과 To the airport.로 보아 택시 운전기사와 승객의 대화임을 알 수 있다.

---

**5** 출제 의도 심경 파악하기

**M:** Hi, Alice. Sorry I'm late.

**W:** Mike, do you know what time it is?

**M:** Sorry, I missed the bus.

**W:** You always keep me waiting. I have been waiting for you for 30 minutes.

**남:** 안녕, Alice. 늦어서 미안해.

**여:** Mike, 지금이 몇 시인지 아니?

**남:** 미안해, 버스를 놓쳤어.

**여:** 너는 항상 나를 기다리게 하는구나. 30분이나 너를 기다리고 있었단 말이야.

해설 여자는 Mike가 항상 그녀를 기다리게 한다고 말하며 30분이나 그를 기다렸다고 했으므로 그녀가 화가 났음을 알 수 있다.

**6** 출제 의도 **마지막 말에 이어질 응답 고르기**

**M:** Jenny, why are you so blue today?

**W:** Sorry, but I don't want to talk.

**M:** Oh, come on. We're friends.

**W:** Well, I had a big fight with my boyfriend yesterday.

**M:** _____

**남:** Jenny, 오늘 왜 그렇게 우울해하니?

**여:** 미안하지만 말하고 싶지 않아.

**남:** 왜 그래. 우린 친구잖아.

**여:** 음, 어제 남자 친구와 크게 싸웠어.

**남:** 그 말을 듣게 돼서 유감이네.

① 그것은 사실이 아니야.

② 나는 네가 자랑스러워.

③ 너는 틀림없이 행복하겠구나.

⑤ 가장 신 나는 소식이구나.

해설 여자가 남자 친구와 크게 싸워서 기분이 좋지 않은 상황이므로 안타까워 하는 말이 알맞다.

**7** 출제 의도 **순서 파악하기**

**M:** Last Friday, I went to the Art Museum with Mina. Mina was excited because she could see her favorite painter's pictures. We enjoyed every picture in the museum. After that, we had lunch at the cafeteria. We ate special tuna sandwiches, which were so delicious. On our way home, Mina and I took photos of ourselves in the museum garden. We had a lot of fun.

**남:** 지난주 금요일에, 나는 미나와 함께 미술관에 갔다. 미나는 그녀가 가장 좋아하는 화가의 그림들을 볼 수 있어서 신이 났다. 우리는 미술관에 있는 모든 그림을 즐겼다. 그 후에, 우리는 구내식당에서 점심을 먹었다. 우리는 스페셜 참치 샌드위치를 먹었는데, 아주 맛있었다. 집에 오는 길에, 미나와 나는 미술관 정원에서 우리

들의 사진을 찍었다. 우리는 즐거운 시간을 보냈다.

해설 화자와 미나는 미술관에서 그림을 보고, 점심을 먹은 후에 사진을 찍었으므로 ②가 알맞다.

**8** 출제 의도 **이유 고르기**

**W:** Minho, I have two free tickets for a pop concert. Would you like to join me this evening?

**M:** I'd love to, but I can't.

**W:** Why not? Are you going somewhere else?

**M:** No, I have to stay home. I promised my dad that I would study at home every evening.

**W:** You got a bad grade on the mid-term exam, right?

**M:** You got it.

**여:** 민호야, 나 팝 콘서트 공짜 표가 두 장 있어. 오늘 저녁에 같이 갈래?

**남:** 가고 싶지만 안 돼.

**여:** 왜 못 가니? 어디 다른 곳에 가니?

**남:** 아니, 집에 있어야 해. 아빠에게 저녁마다 집에서 공부하기로 약속드렸어.

**여:** 너 중간고사에서 낮은 성적을 받았구나, 그렇지?

**남:** 맞았어.

해설 남자는 중간고사에서 낮은 성적을 받아서 저녁마다 집에서 공부를 하기로 했기 때문에 콘서트에 갈 수 없다고 했다.

**9** 출제 의도 **주제 고르기**

**W:** Hi, this is Doctor Miller from Town Hospital. We can become easily tired and sleepy in spring time. This is natural because it's the body's response to the changing seasons. Then how can we get over it? First, get some fresh air. Don't stay inside all the time. Also, drink water more often, and try to take enough vitamin C. Working out can help boost your energy as well.

**여:** 안녕하세요. 저는 Town 병원의 Miller 선생님입니다. 우리는 봄철에 쉽게 피로해지고 졸릴 수 있습니다. 이는 바뀌는 계절에 대한 몸의 반응이기 때문에 자연스러운 것입니다. 그러면 우리는 어떻게 그것을 극복할 수 있을까요? 먼저, 맑은 공기를 쐬세요. 항상 실내에 머물지 마세요. 또한, 물을 더 자주 마시고, 비타민 C를 충분히 섭취하려 하세요. 운동을 하는 것도 당신의 에너지를 북돋우는 데 도움이 될 것입니다.

10 출제 의도 **마지막 말에 이어질 응답 고르기**

M: Hi, Melinda. You look excited.

W: Yes, I'm going to a basketball game tomorrow.

M: Great. Where is the game?

W: At the Star Arena. Have you been there?

M: Yes, I have.

W: Would you show me how to get there?

M: Sure. First, go to the bus stop in front of our school.

W: Okay.

M: Then, take the bus number 20 and get off at the subway station.

W: All right. What's next?

M: ① The game was so boring.
② Make sure you get there early.
③ You should practice every day.
④ Take line number 2 and go three stations.
⑤ Sorry, the tickets are sold out.

남: 안녕, Melinda. 너 신나 보인다.

여: 응, 나는 내일 농구 경기에 갈 거야.

남: 좋겠다. 경기는 어디에서 하니?

여: Star Arena에서 해. 거기에 가 본 적이 있니?

남: 응, 가 봤어.

여: 거기에 어떻게 가는지 알려 줄래?

남: 물론이지. 먼저, 우리 학교 앞에 있는 버스 정류장에 가.

여: 알겠어.

남: 그리고 나서, 20번 버스를 타고 지하철역에서 내려.

여: 좋아. 다음은 뭐니?

남: ① 경기는 정말 지루했어.
② 반드시 일찍 도착하도록 해.
③ 너는 매일 연습해야 해.
④ 2호선을 타고 세 정거장을 가.
⑤ 유감이지만, 표가 매진됐어.

해설 남자가 여자에게 경기장에 가는 길을 설명하고 있다. 학교 앞 버스 정류장에 간 뒤, 20번 버스를 타고 지하철역에서 내리는 것까지 언급하였고, 마지막 그림에 지하철이 있으므로 지하철을 타라는 ④가 알맞다.

11 출제 의도 **질문에 이어질 응답 고르기**

M: Good evening. May I take your order?

W: Yes, please. I'd like to have the cream pasta.

M: The cream pasta is a little spicy. Are you okay with it?

W: No, not really. I'd like to order a potato pizza then.

M: Sorry, ma'am. It is for lunch hours only.

W: Well, what would you recommend?

M: How about a double cheeseburger? You'll like it.

W: Great. I'll have that one.

남: 안녕하세요. 주문하시겠어요?

여: 네. 크림 파스타를 주세요.

남: 크림 파스타는 약간 맵습니다. 괜찮으시겠어요?

여: 아니요, 안 되겠네요. 그럼 저는 감자피자를 주문할게요.

남: 죄송합니다, 손님. 그것은 점심시간에만 가능합니다.

여: 음, 무엇을 추천해 주시겠어요?

남: 더블 치즈버거는 어떠신가요? 마음에 드실 겁니다.

여: 좋아요. 그것을 먹을게요.

질문: 여자는 무엇을 먹을 것인가?

대답: 그녀는 더블 치즈버거를 먹을 것이다.

① 그녀는 토마토 파스타를 먹을 것이다.

② 그녀는 크림 파스타를 먹을 것이다.

③ 그녀는 감자피자를 먹을 것이다.

⑤ 그녀는 토마토 샐러드를 먹을 것이다.

해설 크림 파스타는 맵기 때문에 주문하지 않았고, 감자피자는 점심시간에만 가능해서 주문하지 못했다. 여자는 점원이 추천한 더블 치즈버거를 먹는다고 했으므로 ④가 알맞다.

[12, 서답형 1]

M: Hello, everyone. I'm Paul Martins. As you already know, the Global Music Festival will be held at Greenwood Park next week. From 2 p.m. to 10 p.m. on July 5, you can listen to music from all around the world. 10 bands from 7 countries will be playing their traditional music on the stage. You can also try food from many different countries at the food trucks. Just be ready to enjoy yourselves at the festival. Thank you.

남: 안녕하세요, 여러분. 저는 Paul Martins입니다. 아시다시피, Global Music Festival이 다음 주에 Greenwood 공원에서 열릴 예정입니다. 7월 5일 오후 2시에서 10시까지, 여러분은 전 세계의 음악을 들으실 수 있습니다. 7개의 나라에서 온 10개의 밴드가 무대 위에서 그들의 전통 음악을 연주할 겁니다. 여러분은

또한 푸드 트럭에서 많은 나라들의 음식을 맛볼 수 있습니다. 축제에서 즐길 준비만 하시면 됩니다. 감사합니다.

> **Global Music Festival**
> • 7월 5일, 오후 2시~10시
> • 7개의 나라에서 온 10개의 밴드가 연주합니다.
> *푸드 트럭도 확인하세요!*

**12** 〔출제 의도〕 **빈칸 완성**

〔해설〕 7개의 나라에서 온 10개의 밴드가 연주한다고 했으므로 ②가 알맞다.

**서답형 1** 〔출제 의도〕 **세부 정보 파악하기**

질문: 화자에 따르면, 우리는 축제에서 무엇을 할 수 있는가?
대답: 우리는 다른 나라의 음악뿐 아니라 음식도 즐길 수 있다.

**서답형 2** 〔출제 의도〕 **빈칸 완성**

W: Brad, do you know what the capital of Colombia is?
M: Sure, it's Bogota. Why do you ask, Tina?
W: I have to hand in a report about South America. I'm trying to find something interesting to write.
M: Hmm. Let's search the Internet to find some information on it.
W: Thanks. How about going to the computer lab together after lunch?
M: Good idea.

여: Brad, 콜롬비아의 수도가 어디인지 아니?
남: 물론이지, 보고타야. 왜 묻니, Tina?
여: 남아메리카에 대한 보고서를 제출해야 해. 나는 작성할 흥미로운 무언가를 찾고 있어.
남: 음. 그것에 대한 정보를 찾기 위해 인터넷을 검색하자.
여: 고마워. 점심 식사 후에 컴퓨터실에 함께 가는 게 어때?
남: 좋은 생각이야.

> 이름: Tina Ross, Brad Taylor
> 날짜: 9월 5일
> 반: 3-5
> 목적: 보고서를 위한 정보를 인터넷에서 검색하려고

〔해설〕 여자는 보고서를 작성할 흥미로운 것을 찾고 있는데 남자가 그것에 대한 정보를 인터넷에서 검색하자고 했으므로 search가 알맞다.

**13** 〔출제 의도〕 **어울리지 않는 문장 고르기**

대부분의 동물은 뼈가 있지만, 해파리는 뼈를 전혀 갖고 있지 않다. 이 바다 동물은 젤리 덩어리처럼 보인다. 어떤 해파리들은 노랗거나 분홍빛이거나 파랗게 보이기도 한다. 젤리는 설탕으로 만들어진 부드럽고 색상이 있는 달콤한 음식이다. 해파리의 한 종류는 긴 끈들이 달린 펼쳐진 우산처럼 보인다. 그 해파리는 작은 바다 생물들을 쏘기 위해서 그것들을 사용한다.

〔해설〕 해파리의 생태에 관한 글이므로 젤리에 대해 설명하는 ③은 글의 내용과 관계가 없다.

**14** 〔출제 의도〕 **내용 불일치**

피뢰침은 Benjamin Franklin에 의해 발명되었다. 그는 1706년에 태어났다. 그는 미국의 건국에 중요한 역할을 한 과학자이자 정치가였다. 그는 번개의 속성을 발견하기 위해 천둥과 번개를 동반한 비가 오는 동안 연을 날리려고 했다. Franklin은 젖은 실의 끝에 연결된 열쇠에서 불꽃이 일어나는 것을 보았다. 이것으로 그가 죽을 수도 있었지만, 다행히도 그러지 않았다. 그는 계속 연구해서 피뢰침을 발명했다.

〔해설〕 Franklin이 번개의 속성을 연구하는 과정에서 죽을 수도 있었지만, 다행히 그러지 않았다고 언급하고 있다.

**15** 〔출제 의도〕 **빈칸 완성**

행복한 핼러윈
시간은 늦고 우리는 졸리다,
공기는 차갑고 고요하다.
우리의 호박등이 우리를 보고 웃는다
창틀 위에서.
우리는 케이크와 사탕으로 배가 부르고
정말 재미있게 놀았지,
그러나 이제 자야 할 시간
그리고 우리가 했던 일에 대한 꿈을 꿀 시간.
우리는 유령과 도깨비에 대한 꿈을 꿀 것이고
우리가 봤던 마녀들에 대한,
그리고 우리의 장난에 대한 꿈도 꿀 것이다
이 행복한 핼러윈에.

〔해설〕 호박등, 케이크와 사탕, 유령, 마녀 등을 언급하는 것으로 보아 핼러윈에 관한 시임을 알 수 있다.

**16** 〔출제 의도〕 **의견 고르기**

**Ted:** 나는 학교에 보안 카메라들을 설치해야 한다고 생각해. 너희들은 어떻게 생각하니?

**Kate:** 학교는 학생들에게 안전한 환경을 제공할 필요가 있어.

**Mike:** 나는 그것들이 괴롭힘을 방지하기 위해 필요하다고 생각해.

**Paul:** 나는 그것들이 불편한 분위기를 만들 수 있다고 생각해.

**Tim:** 보안 카메라들이 있으면, 우리는 비상 상황에 더 잘 대처할 수 있어.

**Amy:** 학생들이 그들의 사생활이 존중받지 못한다고 느낄 수 있어.

해설 Ted는 학교에 보안 카메라가 필요하다고 생각하는데, 이와 같은 의견을 가진 사람은 Kate, Mike, Tim이다.

### 17 출제 의도 주제 고르기

곤충을 먹는 식물을 알고 있는가? 파리지옥풀은 그것들 중 하나이다. 파리지옥풀의 잎은 넓고 약간의 예민한 털들이 나 있다. 곤충이 이 털들을 건드리면, 파리지옥풀은 그것을 잡고 재빠르게 잎을 닫는다. 그 잎은 약 1주일 동안 닫힌 상태로 있다. 이 기간 동안 식물로부터 나온 특별한 액은 파리지옥풀이 그 곤충을 소화하는 것을 돕는다.

해설 식충 식물인 파리지옥풀이 어떻게 곤충을 사냥하고 소화하는지 설명하고 있으므로, 글의 주제로 ⑤가 알맞다.

### 18 출제 의도 지칭 추론

**A:** 도와드릴까요?

**B:** 그래 주시면 좋겠어요. 제 아들이 TV를 너무 많이 봅니다. 그는 정말 couch potato거든요. 그가 TV를 보지 않을 때는 컴퓨터 게임을 합니다. 저는 그가 운동을 할 필요가 있는 것 같아요.

**A:** 음, 그는 어떤 운동을 좋아하나요?

**B:** 모든 운동이요. 그는 TV로 운동을 보는 것을 좋아해요. 야구, 농구, 축구, 심지어 골프까지 봐요.

**A:** 당신이 그에게 농구공이나 축구공을 사 주는게 좋을 것 같아요. 그러면 아마도 그는 밖에 나가서 놀 겁니다.

해설 A는 아들이 TV를 너무 많이 본다고 말하며 그가 TV 로만 운동을 볼 뿐 직접 운동하지 않는 것을 걱정한다. 'couch potato'는 '소파(couch)에 앉아 TV만 보는 사람'임을 알 수 있다.

[19, 서답형 3]

남극의 장보고 기지에 오래 머무는 일은 멋지지만 쉽지 않습니다. 우리는 아래의 규칙들을 따라야 합니다.

*아무것도 남기지 말라._* 우리는 대부분의 쓰레기를 재활용하고 몇 달간 보관합니다. 일 년에 한 번 배가 와서 그것을 한국으로 가져갑니다.

*즐겁게 지내라._* 이곳의 사람들은 많은 스트레스를 받을 수 있습니다. 그래서 우리는 탁구를 치거나 영화를 보는 등의 즐거운 일들을 합니다.

*건강을 유지하라._* 가까이에 병원이 없습니다. 그래서 우리는 자신의 건강을 돌봐야 합니다. 운 좋게도, 여기서는 바이러스가 살 수 없기 때문에 우리는 감기에 대해 걱정하지 않습니다.

*밖에 오래 머물지 말라._* 기지 밖은 정말로 춥습니다. 매우 강한 바람이 자주 붑니다. 우리가 밖에서 일해야 할 때 우리는 30분 안에 마치려 노력합니다.

### 19 출제 의도 세부 정보 파악하기

해설 근처에 병원이 없다고 언급했고, 바이러스가 살 수 없기 때문에 감기에 대해 걱정하지 않는다고 했으므로 ③이 알맞다.

**서답형 3** 출제 의도 빈칸 완성

**질문:** 안녕하세요. 저는 언젠가 장보고 기지를 방문하고 싶어요. 감기약을 가져가야 할까요?

**대답:** 음, 그럴 필요 없을 것 같아요. 바이러스들은 여기서 생존할 수 없기 때문에 우리는 보통 감기에 걸리지 않아요.

**서답형 4** 출제 의도 빈칸 완성

효과적으로 읽는 방법

여기 특정한 정보를 글에서 찾아야 할 때 당신을 도와줄 조언이 있다. 모든 단어를 읽는 대신에, 당신이 찾고자 하는 정보와 관련된 핵심어들을 찾아 재빨리 글을 훑어보라. 이것은 당신에게 가장 중요한 것을 찾는 데 도움이 될 것이다. 다시 말해서, 한 단어 한 단어 새겨가면서 글을 읽지 말라. 핵심어들만 찾고 다른 모든 것들은 무시하라.

**Matt:** 나는 다음 주 시험을 위해 이 책들을 모두 읽어야 해.

**Cathy:** 정말? 너는 이 기사에서 효과적인 읽기에 대한 조언을 얻을 수 있을지도 몰라.

**Matt:** 좋아. 뭐라고 쓰여 있니?

**Cathy:** 글의 모든 단어를 읽는 대신에 핵심어들을 찾아보래.

해설 글의 모든 내용을 꼼꼼히 읽는 대신 필요한 정보와 관련 된 핵심어들(keywords)을 찾으라는 것이 기사의 중심 내용이다.

**서답형 5** 출제 의도 빈칸 완성

오늘 아침에, 나는 산책을 하기 위해 공원에 갔다. 입구에서, 나는 몇몇 사람들이 공원을 청소하고 있는 것을 보았고, 그들을 돕고 싶었다. 그래서, 산책하는 동안, 나는 쓰레기를 주웠다.

해설 '쓰레기를 줍다'는 pick up some trash로 나타낼 수 있다.